「死ぬんじゃねーぞ!!」

いじめられている君は
ゼッタイ悪くない

中川翔子

文藝春秋

「死ぬんじゃねーぞ!!」

いじめられている君はゼッタイ悪くない

装丁　大久保明子
漫画・イラスト
カバー文字　中川翔子

はじめに

「死ぬんじゃねーぞ！」

なんて突然《とつぜん》言われたら、びっくりするかもしれません。

まずこの本のタイトルについて、ちょっと説明させてください。

これは、わたしが自分のライブでつい叫《さけ》んでしまう言葉なのです。

引《ひ》っ込《こ》み思案《じあん》で自信《じしん》がなかった十代のころ、わたしが心の奥《おく》に閉《と》じ込《こ》めていた密《ひそ》かな、確《たし》かな夢《ゆめ》は、いつかステージに立ち、大好きな歌を歌うことでした。いまその夢が奇跡的《きせきてき》に実現《じつげん》し、ステージの上で、歌と光とお客さんの心が重《かさ》なったとき、いつもこう感じます。

ああ、生《い》きててよかった。

あのとき死ななかったからこそ、こうして奇跡の瞬間《しゅんかん》に巡《めぐ》り会《あ》えた。

ラストに近づくと、そんな思いが溢れ、会場《かいじょう》に来てくれたお客さんへの感謝《かんしゃ》が高まっていきます。

またこの奇跡の時間に巡《めぐ》り会《あ》えたらいいな。お互《たが》いに生きているからこそ、こうして楽しい時間を作れる。一緒《いっしょ》にあたらしい思い出を紡《つむ》げる。

どうしても自分の思いを伝えたい！　届けたい！　という気持ちが最高潮《さいこうちょう》に達《たっ》して出てきてしまう言葉。それが……

「みんな、次に会う時まで誰一人《だれひとり》……死ぬんじゃねーぞ！」

わたしは、中学のころにいじめがきっかけで不登校《ふとうこう》になりました。悪口《わるぐち》、陰口《かげぐち》に加《くわ》えて物理的《ぶつりてき》に目に見えるいやがらせ、最後の砦《とりで》である先生にも失望《しつぼう》してなにもかもに絶望《ぜつぼう》してしまい、心が折《お》れてしまったのです。

いじめの定義《ていぎ》は時代によって変《か》わってきたといいます。

昭和の時代は、言葉や暴力で精神的《せいしんてき》に苦痛《くつう》を感じること。さらに、学校がその事実を認めること。ここまでがセットになっていたといいます。

いじめで悩《なや》み、苦《くる》しみ、命を絶《た》ってしまう子どもたちが後を絶《た》たなくても、学校側が問題を隠《かく》して見て見ぬふりをし、その結果、加害者は罪《つみ》も責任《せきにん》も問《と》われないまま生きてゆく。

いじめで亡《な》くなった被《ひ》害者《がいしゃ》の子の遺族《いぞく》が裁判《さいばん》を起こして訴《うった》えても、学校側がそれを認めずに、泣《な》き寝入《ねい》りすることになるケースも多かったといいます。

命を失って、もうなにも言えなくなり、家族は永遠《えいえん》に続く悲《かな》しみの中を生きるなんて、なにひとつ報《むく》われない悲しいことです。

時代は平成になり、数々のいじめ事件を踏《ふ》まえて、いじめ防止《ぼうし》対《たい》策推進法《さくすいしんほう》が作られ、いじめの定義も変わりました。

暴力または精神的に苦痛を感じる行為《こうい》、インターネットを通じた行為も含まれるようになりました。

さらに、いじめの中には犯罪《はんざい》行為として警察に相談できるケースもあり、いじめ問題に対する社会の認識《にんしき》も変わってきたように思えます。

それなのに、いじめ事件の報道《ほうどう》は後を絶《た》ちません。ニュースの陰《かげ》でも、表沙汰《おもてざた》にならないいじめ事件はまだまだ起こり続けています。なぜ、これほど問題になり、議論《ぎろん》され続けても、いじめはなくならないのでしょうか。

本人が嫌《いや》だ、と感じたらそれはいじめ、と言えるといいます。暴力だけではなく、悪口や陰口、さらにはSNSを使ってのいじめ。時代が進むにつれていじめの種類《しゅるい》は細分化《さいぶんか》しています。

十代の心はガラスのように美しくデリケート。興味《きょうみ》や知識《ちしき》をぐんぐん浸透《しんとう》させられるやわらかい心に傷がついたら、それは消えないままどんどん深《ふか》くなってしまいます。感受性《かんじゅせい》が豊《ゆた》かだからこそ、時には死にたくなるほど気持ちが追《お》い詰《つ》められてしまうこともあります。

理由や原因は人それぞれです。

だけど命を失《うしな》ったらなにも報《むく》われないのです。

まさにいま、傷つき、悩み、悲しんで、夜を過《す》ごしている子も多いと思います。

あしたも学校に行かなきゃならない。

またあの子に会わなきゃならない。

毎日、学校でのつらい時間をとても長く感じ、まわりに相談《そうだん》できない状況《じょうきょう》にある子は思った以上に多いはずです。


いまのわたしなら、あのころ悩みながら夜を過ごしていた自分に、なんて声をかけるか？

そして、まさに今悩んでいる子にどんなふうに言葉を伝《つた》えられるのか？

ＮＨＫの「#８月31日の夜に。」という番組に出演《しゅつえん》したとき、わたしはいじめや不登校で悩む十代の心に触《ふ》れることで、同じように悩んだ自分は、大人になったいまその子たちになにができるのかと考えました。

わたしは、十代で〝死にたい夜〟を過ごした先に見つけた気持ちを、いつかかたちにしてみたいと思うようになりました。

言葉にするのはとても難《むずか》しいけれど、わたしに合《あ》ったやり方で、漫画というかたちにもしてみました。

この本を手にとってくれた方に漫画や絵の部分だけでも、パラパラと見ていただけたら嬉しいです。

そして、悩んだとき、ふと手にしてくれたら、と願っています。

もくじ

はじめに　3

第一章　わたしのいじめ体験　15

スクールカーストのなかで／「キモい子」というレッテル
自分の好きなことを否定された修学旅行／誰からも話しかけてもらえない苦しみ
「あいつ、ゲロマシーンじゃね？」／地獄のランチタイム
大人の裏切り、ローファー事件／母との大ゲンカ

第二章　いまの時代のいじめについて〈インタビュー〉　55

まずは大人に変わってもらいたい　みゆうさん　57
「逃げ道」ではなく「違う道」　ちはるさん　70
誰もがいじめの標的になる時代　石井志昂（「不登校新聞」編集長）　91

第三章　いじめ時間をサバイブする　111
「卒業すれば楽になるよ」と言われても／今日一日をサバイブする
「死にたい衝動」とどう向き合うか／心の傷は一生消えない
いじめを連鎖させないためにできること／いじめているほうが一〇〇パーセント悪い
「助けて」と声をあげてほしい／学校以外の居場所は必ずある
学校が変わることで道は開ける／わたしの未来を見つけてくれた先生の話
インターネットとＳＮＳ教育

第四章　未来の種を見つける「さなぎの時間」　165
「明るい遺書」が人生の転機に／共感できる人は必ずいる
十代の「暗黒時代」がいまの自分を作った
「自分が幸せと思える瞬間」を見つける／いじめのサインを見逃さないで
「隣る人」になる／いじめている君へ
すべての命に尊い奇跡がある／あなたの命は誰にも奪うことはできない

学校にも、家にも、居場所がない
学校に行きたくない… 消えたい
このままで この先 どうなるのかな
私に 明るい将来は あるのかな

集団生活が苦手
先生は言う
「なんでもっと普通に
できないの？」って
普通って何？
わからない。
何が何なのか
親には心配かけたくない
でも こんな気持ちで
生きてるのしんどい
正直 生きるのが
しんどいし なんで
生きてるのか
わからなくなってきた
でも
死ぬ勇気もない
学校に行かなくなる
勇気もない
学校は サバイバルだ
どうやって 無事に
やり過ごすか ばかり
頭が おかしくなりそうだ

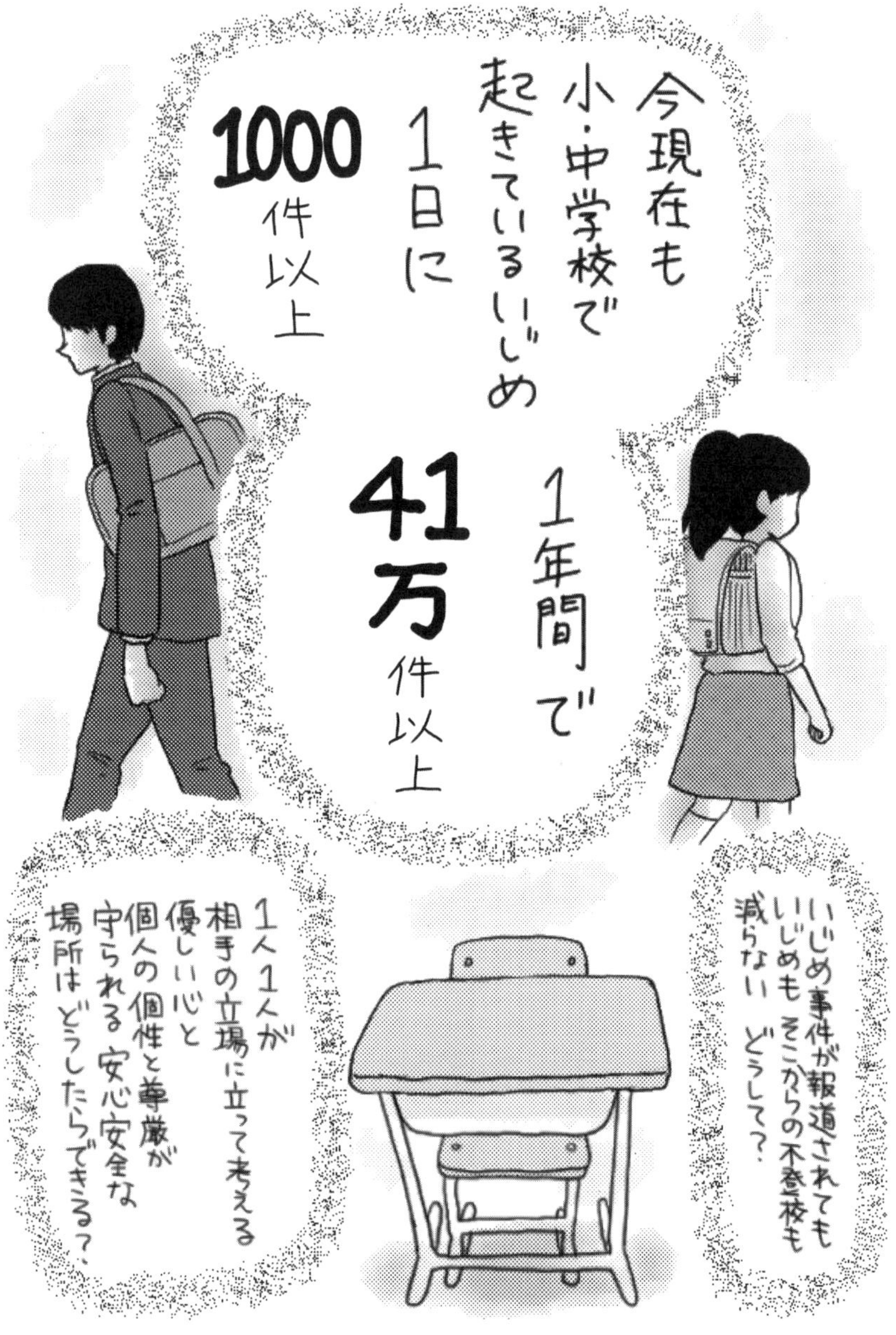

今現在も
小・中学校で
起きているいじめ
1日に
1000件以上
1年間で
41万件以上
いじめ事件が報道されても
いじめも そこからの不登校も
減らない どうして？
1人1人が
相手の立場に立って考える
優しい心と
個人の個性と尊厳が
守られる 安心安全な
場所はどうしたらできる？

第一章
わたしのいじめ体験

スクールカーストのなかで

わたしが通っていた地元《じもと》の公立小学校では、休み時間もみんなで仲よくわいわい過ごしていました。

わたしが漫画《まんが》やゲームが好きなことも、絵を描くことも「ナカショウの好きなこと」とみんな普通《ふつう》に受け止めてくれていました。

成績《せいせき》や運動がいまいちでも、生徒《せいと》が好きなことを個性《こせい》として育ててくれた担任《たんにん》の先生のおかげで、クラスのひとりひとりがそれぞれの得意《とくい》なことをお互《たが》いに個性として認め合い楽しむことができた素晴《すば》らしい時間でした。

ところが、私立の女子中学校に進学《しんがく》すると、状況《じょうきょう》が一変《いっぺん》したんです。

入学してすぐに、クラスの中はいくつかのグループに分《わ》かれました。

クラスの空気を支配《しはい》したのは発言力《はつげんりょく》の強い目立つ子たちのグループ。その他の子たちもそれぞれに小さなグループを作って過《す》ごしている。

小学校のときのように、誰《だれ》とでも気軽《きがる》に話したり、休み時間にみんなで自由に遊《あそ》べるような雰囲気《ふんいき》ではありませんでした。

目に見えてはっきりと、グループの階層《かいそう》ができていて、階層が違うと会話も交流《こうりゅう》もないのです。

これが、いわゆる「スクールカースト」、クラス内での「ランク付《づ》け」です。「カースト」とはインドで昔使われていた身分《みぶん》によって階層に分ける制度《せいど》のことだそうです。身分で人間をランク分けするおそろしい仕組《しく》みです。

そのカースト制度の仕組みを、学校の人間関係に当てはめたのが、「スクールカースト」。

誰が最初に言い始めたのかわかりませんが、でも表現《ひょうげん》としてはまさにその通りなのです。クラスの中にはボスのグループを頂点《ちょうてん》にした序列《じょれつ》がはっきりとできあがっていきました。

「高カースト」の一軍は、メジャー系・不良系・運動部の子たちや、にぎやかで自己主張《じこしゅちょう》が強く、おしゃれな雰囲気だったり、かわいい子たちが属《ぞく》します。スポーツが得意、親が影響力《えいきょうりょく》を持っている子なども一軍に入るといいます。

二軍、いわゆる「中カースト」はおとなしい優等生《ゆうとうせい》タイプの子たちです。無難《ぶなん》に立ち回れているからこその、安定できる一番羨《うらや》ましい場所だったなぁと思っていました。

下の三軍「低カースト」はオタク気質《きしつ》や、運動音痴《おんち》、ぼっち、ちょっと変わった不思議《ふしぎ》ちゃんなどです。とはいえ、実際にはもっと複雑《ふくざつ》に入り組んでいます。一軍でも仲間割《なかまわ》れが起こったり、いつハブにされたりするかわからないし、三軍の下にはさらにカースト外があったりするのです。わたしは三軍にまで落ちました。

いじめのターゲットになるのは、三軍以下「低カースト」の子たちです。

一度「身分」が決まってしまうと、もうそこから上がることは難《むずか》しいです。

おそろしい無言《むごん》の圧力《あつりょく》と目に見えない序列がクラスを支配してしまうのです。

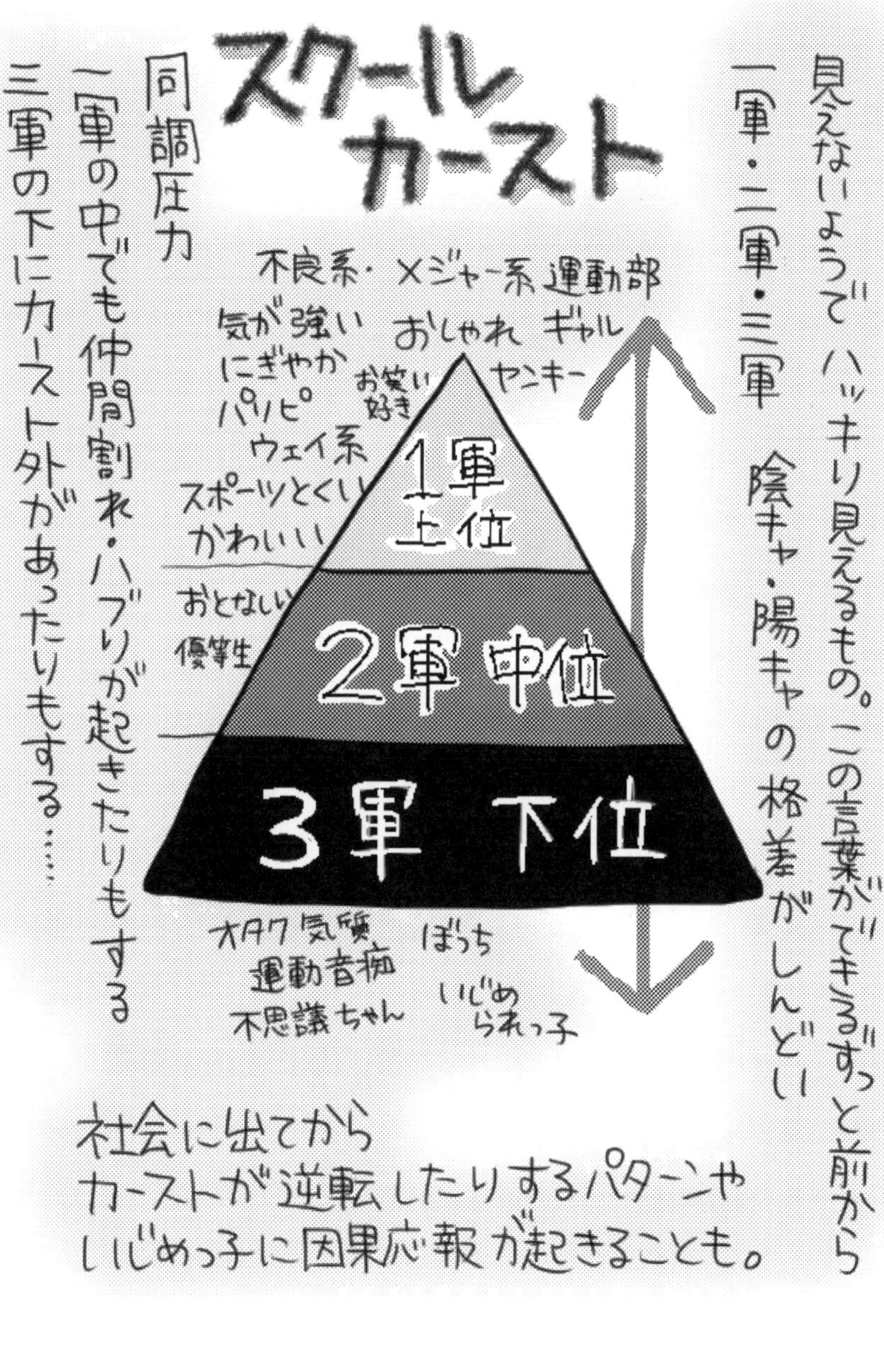
見えないようで ハッキリ見えるもの。この言葉ができるずっと前から
一軍・二軍・三軍 陰キャ・陽キャの格差がしんどい
スクールカースト
同調圧力
一軍の中でも仲間割れ・ハブりが起きたりもする
三軍の下にカースト外があったりもする……
不良系・メジャー系運動部
気が強い
にぎやか
パリピ
お笑い好き
おしゃれ
ギャル
ヤンキー
ウェイ系
スポーツとくい
かわいい
1軍 上位
おとなしい
優等生
2軍 中位
3軍 下位
オタク気質
運動音痴
不思議ちゃん
ぼっち
いじめられっ子
社会に出てから
カーストが逆転したりするパターンや
いじめっ子に因果応報が起きることも。

兄弟姉妹がいて、入学してすぐの最初の時期が大事なんだという情報を得られていたら、うまく対処《たいしょ》できたのかもしれません。でも、わたしは一人っ子だったので、その空気をすぐに読みとることができませんでした。

中学になりガラリと空気感の変わったクラスでは、ちょっとしたことを理由にハブにされて、そしてそれが積み重なって、あっという間に低カーストへ転《ころ》がり落ちていきました。

「キモい子」というレッテル

わたしが中学に入学したころはプリクラ全盛《ぜんせい》の時代。誰もが友だちとプリクラを撮《と》っては、プリクラ帳《ちょう》にあふれんばかりに貼《は》りつけて、お互いに見せ合っていました。

けれど、わたしはプリクラ帳を持っていなかったのです。

それは中学に入ってすぐの致命的《ちめいてき》なミスになってしまいました。

入学して席が割《わ》り振《ふ》られ、これからの中学生活にドキドキ期待に満ちた最初の時期。

となりの席になった大人っぽい子から、「プリクラ帳見せて〜」と話しかけられます。わたしが、「持ってないの」と答えると、「えっ、じゃああした絶対持ってきてね!」と言われました。

すでにみんながプリクラ帳を見せ合い、楽しそうな雰囲気になっているのを見て、「やばい!」と思いあわててプリクラを撮《と》りに行きました。急だったし、小学校の時の仲よしの友人とは学校が離れてしまったので、ひとりで。

そして、プリクラ帳を持ってないけど、なにか家に代わりになるものはないか? と、あわてて家中を探《さが》しました。おばあちゃんが和紙《わし》を貼って作ってくれた小さいノートを見つけ、急いで撮ったプリクラを貼り、翌日学校に持っていきました。

「プリクラ帳、持ってきたよ！」と、見せたときにまわりの空気が一変しました。わたしは凍《こお》りつきました。

「えっ、なに？　ひとりプリクラだし変なノート。おばあちゃんの？　なにそれおかしくない？　キモい……」

あっ、間違《まちが》えてしまった、やらかしてしまった、と背筋《せすじ》が冷たくなった瞬間を覚《おぼ》えています。

ちょっと空気が読めなかったり、ちょっと変わっていたり、ちょっと変だったり。

それは、個性としてではなく、キモい、とカウントされてしまうのです。

たとえば、自分があまり知らない話題で盛《も》り上がっているとします。それでもうまく話に乗っかって立ち回れないと、たちまち輪《わ》からはずされてしまいます。

わたしはそれが下手《へた》でした。恋愛の話やアイドルの話にうまくついていくことができませんでした。相手の好みに合わせてうまく振る舞うことができなかったのです。わからない話題を振られてアワアワとしてしまうことが何度もありました。

気づけば、となりの席の目立つ子はたちまちクラスのボスグループに。そして、最初からしくじったわたしは挽回《ばんかい》するチャンスも見つけられずに、あきらかに立ち位置が最下層《さいかそう》になっていきました。

わたしは幼い頃から、漫画やアニメ、ゲームが大好きでした。母が働《はたら》いていたので、ひとりの時間をその好きなことに使っていました。夢中で絵を描《か》く時間が好きでした。時間を忘れて明け方になってしまうこともたびたびありました。でもそれは自分にとっては普通《ふつう》のことで、それが変わったことだと思っていなかったのです。

小学校の時はそんなわたしをみんなが受け入れてくれていたので、中学になるまでそれが変わったことだという認識《にんしき》はまったくありませんでした。

でも、中学のそのクラスでは、自分の机《つくえ》でひとり絵を描いているわたしは、キモい存在として冷ややかな視線《しせん》を浴《あ》びることになりました。

「あいつ絵ばっかり描いててオタクじゃね？　キモいんだけど」とボスグループの子たちから陰口を言われるようになるのに、そう時間はかかりませんでした。

「オタク」。いまでこそ、この言葉は一般的になりましたが、当時、「オタク」であることはすなわち「キモい」ことだったのです。

クラスではボスグループが「絶対」で、ボスが「キモい」と言ったことで、わたしは完全に「キモい子」というレッテルを貼られました。それまで普通に話していた子たちも、だんだんわたしから距離を置くようになっていきました。


もしかして、わたし、いじめられてる……？

いやいや、思い描いてた憧《あこが》れの中学生活とはかけ離れてる、こんなの違う、わたしがこんなふうになるなんて嫌だ！
わたしはまわりからどう見えてるんだろう？
恥ずかしい！
不安と恐怖がぐるぐる頭と心を支配《しはい》するようになりだしたのです。

自分の好きなことを否定された修学旅行

中学二年の秋の修学旅行《しゅうがくりょこう》での出来事はいまでも鮮明《せんめい》に覚《おぼ》えています。
宿泊先《しゅくはくさき》の宿《やど》の部屋で、わたしは同じように絵を描くのが好きな子と、大好きな漫画の絵を描いていました。ルーズリーフに好きなキャラを描いた絵を交換《こうかん》するのがその頃のオタクグループのトレンドで、ワクワクする大事なことでした。

すると突然、ガッとふすまが開いて、ボスグループのひとりがいきなり吐《は》き捨《す》てるようにこう言ったのです。

「絵なんて描いてんじゃねえよ！　キモいんだよ！」

彼女はそれだけ言うとピシャッと乱暴《らんぼう》にふすまを閉めて出ていきました。

世界が真《ま》っ暗《くら》になりました。

「なんで？　ただ絵を描くのが好きで、静かに楽しんでいるだけなのに……」

自分の好きなことをいきなり否定《ひてい》されて、わたしはわけもわからず混乱《こんらん》していました。

「誰にも迷惑《めいわく》かけてないのに。なんでそんなことを言われなきゃいけないの⁉」

でもその気持ちは誰にもぶつけることができませんでした。そしてだんだん悲しくなってきました。

静まり返った部屋で、その子と静かに絵をカバンにしまい、黙《だま》って過ごす悲しい時間になりました。

修学旅行のできごと
ルーズリーフに集めた絵をながめていた時
となりの部屋のAがふすまを突然あけた
ガッ
絵なんか描いてんじゃねーよ!! キモッ!!
ピシャン
しん…
えっ…
なんで? ただ絵がすきで…… しずかに楽しんでるだけなのに……
世界が真っ暗になった

そんなふうに言われるくらいなら、いっそのこと絵を描くのをやめてしまおうかとも思いました。だけど、やっぱり納得《なっとく》がいかない。
大好きなことをやめてしまったら、「わたし」は「わたし」でなくなってしまいます。

わたしは、人に見られないように家でこっそり絵を描きました。
学校ではわたしが好きなことをしているのを見られると、キモいと思われる。
学校に行くのがとても苦痛《くつう》になった時期でした。

誰からも話しかけてもらえない苦しみ

あいつキモい。あいつおかしい。
ボスグループからの悪口、陰口は、日々、どんどんエスカレートしていきました。わたしと仲よく話している子にまで無言《むごん》の圧力をかけるようになったのです。

ついには、休み時間に一緒に過ごす友だちがいなくなってしまいました。

わたしは、クラスの中でひとり孤立《こりつ》してしまいました。わたしが透明《とうめい》な存在《そんざい》で、まるで見えていないかのように。

ボスグループに加入《かにゅう》したばかりの、あまり話したことがない子が、休み時間にわたしの隣《となり》にどかっと座って、「大っ嫌《きら》い！」と大きな声で言いました。それはあきらかに、隣にいたわたしに対して言っていました。

それでも泣いたら負けだし、そもそもなんでこの子にこんなこと言われなきゃいけないの？　そんな筋合《すじあ》いないし、わたしだってあんたが嫌いだよ‼

頭の中ではそう言い返したくても実際《じっさい》には、聞こえていないふりをして机に突《つ》っ伏《ぷ》して休み時間をやり過ごすことしかできませんでした。胸が締《し》めつけられるように悲しくて、悔しくて、痛かった。

教室では、それぞれのグループが楽しそうに笑い合っています。

だけど、ひとりぼっちで机に伏せたわたしの心には黒い気持ちがざわざわと広がっていきました。

また、私の悪口言ってるんだろう、どうせ。

こっちを見るな、おまえらなんか消えてしまえ！　と、頭の中で悪態《あくたい》をつく非生産的《ひせいさんてき》な時間。みんなの会話が全部わたしの悪口を言っているように感じられる。みんなの視線《しせん》が怖《こわ》い。今日一日が長い。明日が怖い。

わたしは、どうしたらよかったんだろう。あの瞬間《しゅんかん》にこう言っていれば今頃はもっと上の階層にいられたかもしれない、などと、不毛《ふもう》な妄想《もうそう》が頭の中を巡《めぐ》っていました。

今日も、明日も、そして明後日《あさって》も。

わたしは絶望的な気分になり、学校に行くのが怖くなっていきました。

授業中、誰かが手紙を回しているのを目にしただけで、「私の悪口を書いているに違《ちが》いない」と考えてしまい、勉強に集中《しゅうちゅう》できません。

たった五分間の休み時間でさえ「早く始業のベルが鳴らないかな」といつもトイレに隠《かく》れたり、廊下のロッカーの教科書を入れ替えて忙《いそが》しいフリをしたり。でもそれがフリなことも、ぼっちで恥《は》ずかしいと思っていることも、全部きっとバレている。それがまたとてもみじめでした。

授業が終わるとすぐに逃げ出すように帰宅《きたく》します。そのまま自分の部屋に駆《か》けこんで、ようやくほっと一息《ひといき》つきます。そこはわたしだけの空間だから。自由に絵を描いたり、好きなだけゲームをしたり、漫画や本を読んだり、音楽を聴いたり歌ったり。

猫と一緒に趣味に集中する時間だけは、少し心がやわらかくなれました。なにかに無理矢理《むりやり》にでも没頭《ぼっとう》していないと、その日学校で言われたことや、いままで言われた嫌《いや》なことが、ぐるぐるずっとフラッシュバックしてしまう。

祖母《そぼ》に買ってもらったパソコンもわたしの心を救《すく》ってくれました。当時はまだスマホはなく、インターネットがやっと広まり始めた時期でした。

深夜にチャットで知らない人と雑談《ざつだん》したり。

学校で言うとキモいと言われるだろうから、と隠《かく》れてハマっていたアニメや特撮《とくさつ》、ゲームについて調べてみると、びっくりするくらい偏《かたよ》った趣味の人や、思いっきり濃《こ》いマニアックなホームページを作っている人もたくさんいることに気がつきました。

インターネットを通じて、学校の外にはこんなにもわたしと同じことが好きな人たちがいるんだと知ることができて、夜の自由なネットサーフィンが大好きになりました。

わたしはひとりじゃないんだ、外の世界は自由で無限《むげん》に広がってるんだ。

やっと、息が吸えた気がしました。

久々に、夢中《むちゅう》になれる時間が見つかりました。

好きなことに没頭していられる時間、夜中から明け方までが、学校での嫌なことを忘れられる唯一《ゆいいつ》の時間でした。ときには、窓から朝陽《あさひ》が差し込んでいたこともありました。その光でわたしはハッと気がつくのです。

ああ、またあの恐《おそ》ろしい学校に行かなきゃならないんだ。

いつまでこんな嫌《いや》な時間が続くんだろう。

このままずっと夜が明《あ》けなければいいのに、と。

「あいつ、ゲロマシーンじゃね？」

それでもわたしは毎日、学校には行っていました。母や祖母には心配をかけたくないというか、いじめられていると自分で認《みと》めたくなかったし、まわりにそう思われたくなかったし、知られることが恥ずかしかったから。

けれど身体《からだ》は正直《しょうじき》で、学校ではしょっちゅう気分が悪くなってしまうのです。

いつも誰かに見られて笑われているような、悪口を言われているような気持ちが続きます。

そんな気持ちで常に悩《なや》んでいるうちに、胃の不調として現《あらわ》れるようになりました。

気持ち悪くなって、吐《は》いてしまう。慌《あわ》ててトイレに駆《か》け込《こ》みます。

するとこんな会話が聞こえてきます。

「ウケる！　まじキモ！　あいつまた吐くんじゃね？」


ある日、気分が悪くなって保健室で横になり休ませてもらっていました。放課後になり、もう帰らなきゃならない時間だと先生に言われても、気持ち悪くて立って歩けない状態《じょうたい》でした。仕方なく先生がわたしを車椅子《くるまいす》に乗せてくれて、先生に押されて帰宅することになりました。

大きな道路にさしかかったときに、気持ちが悪くなり、抱えていたエチケット袋にまた吐いてしまいました。

道路の反対側には、偶然、いつもわたしの悪口を言うボスグループがいました。車椅子に乗ったまま吐いているときに、よりによって目が合ってしまいました。グループの子たちは、道路の向こう側でわたしを指差してゲラゲラ大爆《だいばく》笑《しょう》しています。

はやく逃《に》げ去りたかったけど、吐き気がおさまらず、車椅子だから自分の意《い》思《し》で走ることもできない。地獄《じごく》でした。

翌朝、登校するとこんな声が聞こえてきました。

「あいつ、ゲロマシーンじゃね？」

「ゲロマシーン」……あっさり名づけられた最低な呼び名にグサリと抉《えぐ》られたわたしの心は、もうぼろぼろのカスのようになっていました。

なんならこのまま消えてしまいたい、とさえ思いました。

地獄のランチタイム

お昼の時間はとても苦痛でした。

わたしの通っていた中学にはカフェテリアがあって、給食《きゅうしょく》が美味《おい》しいと評判《ひょうばん》でした。デザートもついて、カロリー計算までされている、新聞が取材《しゅざい》にくることまであるランチです。

それが大きな理由で、わたしはこの学校に入ったのでした。

でも、まさかそのカフェテリアが地獄になってしまうとは。

カフェテリアでは人間関係や立ち位置、スクールカーストが誰からも一目瞭《いちもくりょ》然《うぜん》です。

誰とどんなふうに過ごしているかで、あの子はあのグループなんだ、とか、最近あの子と一緒にいないな、とか、どのくらいの位置にいるのかがすぐわかってしまいます。そんな中でぼっちでランチを食べることは、最高に恥《は》ずかしいことでした。

みんなが楽しくおしゃべりしている中、わたしは一人で黙《だま》ってトレーを持って座る場所を探します。ぽつんと空いている席を見つけると、誰とも目が合わないように、伏《ふ》し目がちに座ります。

「あいつ、またぼっちかよ」

みんなの視線がわたしにはそう聞こえます。

近くでゲラゲラ笑っている子がいると、またわたしの悪口を言ってるに違いない、と思えてしまいます。

美味しいはずのランチも、視線が気になって味わうどころじゃなかったです。

いかに存在感《そんざいかん》を消してこの時間をやり過ごし、早く立ち去るか。

なるべく目立たないようにさっさと食事を終えて、教室の自分の机で突っ伏したり、屋上や人気《ひとけ》のない場所に隠《かく》れたりして、なんとか時間をやり過ごしていました。

入学するまでは中学生になったら、漫画のようなキラキラした学校生活を送れるとイメージしていました。眩《まぶ》しい漫画のキャラクターには十四歳くらいの子がいっぱい出てきます。友情とか青春とか部活とか……。

でもわたしの理想の中学生活はほんの小さなミスから始まって、音を立てて崩《くず》れ落ちていきました。

もはや修復不可能《しゅうふくふかのう》な、立ち位置。

想像《そうぞう》すらしなかった、残念《ざんねん》すぎる認《みと》めたくない情《なさ》けない自分。みじめです。

ただ一方で、こんな淡《あわ》い期待《きたい》も持っていました。

いまのクラスではこんな状態だけど、二年生、三年生になってクラスが替《か》われば状況が変わるかもしれない、と。

しかし、毎日がとても長く感じます。

学校生活は、悩んでぐるぐるしてばかりの、果てしなく長い終わらない迷路のようでした。

三年生の後半、わたしの悪口を言っていたボスグループの内輪《うちわ》で、ハブりハブられ、が始まりました。声が大きくて、わたしが絵を描いているのを「キモい!」と言った子が、あるときカフェテリアでひとりで食べるようになりだしたのです。

昨日《きのう》まで頂点にいたはずなのに、自分たちのグループのなかで、結局、ハブられてるじゃないか、自業自得《じごうじとく》だ、と思いました。

やがて、そのグループの行動が派手になりだして、校則違反《こうそくいはん》で何人も退学になりました。

私立だったので、学校が厳《きび》しく対処したのです。これでわたしの学校生活が変わるかもしれない。わたしは、自分の人生を後悔《こうかい》することだけはしたくない、と思いました。

しかしその後、ささいな行き違いが重なって、今度は他のグループの子と関

くろいきもちが
ざわざわ
今日も
明日も
あさってても
くすくす
ギャハハハ
マジでーやばいー
うけるー
どうして
こうなっちゃったん
だろう
こんなの
想い描いてた
未来じゃない
また
私のこと
言ってる
もう
やめて!!
やめてよ
ハハハ
学校教室
息がつまる
消えちゃいたいよ

私は どうせ
人に嫌われる星の下に
生まれたんだ
くすくす くすくす
ほんの小さな
ミスから始まって
転がり落ちてく
1人で居るって
思われたくない
みじめって
認めたくないだから
休み時間はよく
ロッカーの教科書を
入れかえて忙しいフリ
をしたりする
うるさい
だまれ
消えちゃいたい
こっちを
見るな!!
悪口言うの
やめろ!!
きっとバレてるのも
わかってるでも
この空気耐えられない
私は忙しいだけ
だからあなたたちと
話すヒマがないだけ
お昼の
カフェテリア
1人で食べるなんて
毎日おそろしい時間
ぐるぐる
考えすぎるとよく
胃が気持ち悪くなって
オエ…
やば!!
マジキモ
あいつまた
吐くんじゃね
ゲロマシーン
かよ!!!!アハハ
保健室
オエ。。…

係が悪化してしまうことになりました――わたしの悩む日々がまた始まったのです。

大人の裏切り、ローファー事件

ある日、帰宅しようとしたら、わたしの靴箱《くつばこ》が不自然にへこんでいました。それは明らかに誰かが殴《なぐ》るか蹴《け》るかして作ったへこみでした。

ずらりと靴箱が並ぶ毎日の当たり前の光景のなかで、わたしの靴箱だけがへこんでいる。へこんだ場所が異質な空気を放ち、まるでわたし自身が殴られたような嫌な気持ちがしました。

しばらくは我慢《がまん》して、なにも起きていないかのように、靴箱をそのまま使っていました。でも見るたびにわたしの心は暗くなりました。

あるとき、わたしが靴をしまおうとしていると、犯人らしき子が、わざとわたしに聞こえるようにこちらを見てクスクス笑いしながら話していました。

わたしは怒《いか》りで、カッとなりました。

泣《な》き寝入《ねい》りは嫌だ、負けたらばかばかしいと、誰も見ていない時間にその子の靴箱に行き、同じようにへこませました。いま思えば報復は最低のやり方です。

案《あん》の定《じょう》、翌日、わたしの靴箱は、見るも無残にもっとボコボコにへこまされていたのです。

それからもわたしは毎日、ボコボコの靴箱を使わなければなりませんでした。数少ない友だちにそれを見られるのが、とてつもなく恥ずかしかった。

ボコボコの靴箱と同じようにわたしの心も壊《こわ》れていきました。

そして。ついに事件は起きました。

帰宅しようと靴箱をあけると、なんと私の靴がなかったのです。

それまでは、いじめ、という領域《りょういき》に自分が迷《まよ》い込むなんて認めたくなかった。だけど、「いじめの例」としてよく、靴を隠《かく》されたりする、と聞いたことがありました。

まさかそんなベタな、露骨《ろこつ》な目に自分があうなんて。

認めたくなかった。

だけど、靴がなくなった。


ものすごい精神的ダメージを受《う》けました。

上履《うわば》きのまま、ゴミ箱やまわりをあちこち探してみたけど、見つかりません。

呆然《ぼうぜん》として、途方《とほう》にくれました。


泣きたくない。泣くのだけはだめだ。

泣いたら負けだ。

先生に言うのも負けだし恥ずかしい。

パニックになりながらも、
この自分の中の許せない一線を越えたくなかった。
だけど、靴がないと帰れない。

先生に言うしか、もう道がない。

それまで、悩んでいることは一度も先生に相談したことがありませんでした。大事《おおごと》にしたくなかったし、そんなことに負けたくなかったから。


職員室を訪ねて先生に事情《じじょう》を話しました。

靴箱がへこまされた。靴がなくなった。

あきらかに誰がやったかわかってるのに、こんなのひどいです。

そう説明しているうちに、悔《くや》しさと悲しさで、涙が出てしまいました。それまで、ずっと強がって、泣いたりしなかったけど、涙はダムが決壊《けっかい》したみたいにあふれてきます。

すると、その先生は靴が盗《ぬす》まれるまでのいきさつを聞いてくれました。

そして最後には「じゃあこれを履《は》いて帰りなさい」と、制靴の新品のローファーを手渡してくれたのです。

「わかってくれた……」

面倒《めんど》くさがることなくちゃんと対応してくれたことがとても嬉《うれ》しかった。

「こんなことならもっと早く相談すればよかった。自分のことをわかってくれる先生もいるんだ」

わたしは先生から渡されたぴかぴかのローファーを履いて、無事に帰宅しました。

これをきっかけに、先生が犯人のグループに注意したり、叱《しか》ったりしてくれるかもしれない。そうすれば、この苦しい時間もなくなるかも……。

ところが、それからしばらくして、その先生に職員室に呼び出されました。

そしてその先生から信じられない言葉が飛び出したのです。

「中川、こないだのローファー代、早く払《はら》ってくれないかな」

「は⁉」

わたしは意味が理解《りかい》できませんでした。

「わたしは靴を盗まれた被害者《ひがいしゃ》なんですよ。なんで代金《だいきん》を払わなくちゃいけないんですか？　盗んだ犯人が払うべきじゃないですか！」

すると先生はこう答えたのです。

「そうかもしれないけど、ローファーは学校のものだから、お金を払ってもらわないと困るんだよね……」


言葉も出ませんでした。

もう、ダメだ。

心が音を立てて砕《くだ》け散《ち》りました。


先生が気にしていたのは靴が盗まれたことではなく、靴の経費《けいひ》だったんだ……。

先生はわたしの靴が盗まれるまでのいきさつを聞いて、誰がやったのかも、いじめがあったのも知っているはずなのに、それを解決《かいけつ》しようとしないばかりか、見て見ぬふりをしたのです。

もう、ダメだ

もう大人も信用できない。

みんな嫌い、大嫌い。

いじめられていることを大人に知られたら負けだ、と思って誰にも相談できずに、ひとりで耐《た》えてきたわたしにとって、この先生の言葉は、ギリギリで保《たも》ってきた張《は》りつめた心を壊《こわ》す「とどめの一撃《いちげき》」でした。

一度は信頼《しんらい》しかけた先生だっただけに、そのダメージが大きすぎました。

あの先生の言動《げんどう》は、大人になったいま考えても、最悪《さいあく》だったと思います。先生にあれだけは言ってほしくなかった。

あるとき私のくつ箱がへこんでいた
中川
誰がやったかあきらかに聞こえるように話してた
ボコ
同じようにやり返した
私のくつ箱がもっとベコベコにへこんでいた
中川
数少ない友人にそれを見られるのも恥ずかしかった
ついにくつがなくなった
これじゃ、帰れない仕方なく先生に相談した。泣いたら負けだと思ってたけど
ひっくひっく
このローファーをはいて帰りなさい
ああ、よかったわかってくれたのかなと、思っていたらしばらくして先生が
中川、早くローファー代はらいなさい
先生は靴が隠されたことより靴の経費を気にした
だめだ。もう大人も信用できない
結局、一番やりたくなかった泣いたり、学校休んだり、そういう事になっちゃってすごく悔しかったから
「もう、行かない」そうなったら、卒業式も行かなかった

いちばんわたしがやりたくなかったことは、人前で泣いたり、いじめに屈《くっ》して学校を休んだりすることでした。

でも、卒業まであとわずかという時期に、これがきっかけで、わたしは一切学校に行かなくなってしまいました。

そして、行かないと決めたらもう、卒業式も行かなかった……。

卒業式にも行かなかった、ということは苦い記憶としてわたしの心にずっと残ってしまいました。

母との大ゲンカ

わたしは母と祖母の三人で暮《く》らしていました。

祖母はとても元気な人で、わたしが小学校のときに、男子からへんなあだ名をつけられて泣いて帰ると、学校に乗り込んでいってその子に謝《あやま》らせてしまうような強い人でした。

祖母に心配をかけたくなかったし、いじめにあっていることを打ち明けたことはありませんでした。

わたしは小学三年生のときに父を白血病《はっけつびょう》で亡《な》くしています。

母は、休まずに夜通《よどお》し働いていつも家にいるときは疲れて休んでいました。

わたしが通っていた中学は、母や親戚《しんせき》も通っていた学校でした。

母からはよく、中学が楽しかったという想い出話を聞かされていたし、母とは親友のような関係性で楽しく暮らしていたので、いじめられているのを知られるのが恥ずかしくて言えませんでした。

母が楽しんで過ごした場所なのに、わたしがその学校でうまくやれず、こんな立ち位置なんて。まるでいじめられている自分は欠陥品《けっかんひん》のようだと思いました。

だから、それまではどんなに嫌でも毎朝、登校していました。

しかし、あのローファー事件が起こって、わたしはとうとう母に言ったのです。

「もう学校に行きたくない……」

母にこんなことを言わなければならないことが悔《くや》しかった。でもわたしの中で強がって張りつめていた細い糸は切れてしまったのです。母はわたしが学校に行きたくないと言ったことに驚《おどろ》いていました。

母は当然のようにこう言いました。

「中学は義務教育《ぎむきょういく》なんだし、卒業まであと少しなんだから、行かなきゃダメでしょ！　義務教育だけは行かないと、ダメ人間になるぞ！　行きなさい！」

でも、もう真《ま》っ暗闇《くらやみ》になったわたしの心にはなにも入ってきませんでした。

わたしは自分の部屋に鍵《かぎ》をかけてこもりました。

あんな学校になんか絶対に行ってやるもんか、そう思っていました。

母がドアをたたいて言いました。

「どうしたの？　なにがあったの？」

わたしはそれも言いたくなかった。ただ「学校に行かない」の一点張《いってんば》りでした。

最初は諭《さと》してくれていた母も、だんだん怒《おこ》り出して、ついには大ゲンカになりました。

「行け！」

「ヤダ！」

「行け！」

「ヤダよ！」

ドア越しの怒鳴《どな》り合いが続き、ついには母がドアを壊《こわ》して部屋に入ってきました。わたしたちは揉《も》み合いになり、母はわたしに馬乗《うまの》りになりました。

それでも、わたしは譲《ゆず》りませんでした。

「もう無理。学校に行く意味がわからない」

思春期《ししゅんき》のエネルギーが爆発したようにわたしは何もかもが嫌になって、心が壊れて自分の気持ちをコントロールすることができなくなっていたのです。

わたしは誰にも心を開くことができなくなっていました。


夫を失い、忙《いそが》しく働かなければならない日々の中で、娘が不登校《ふとうこう》になる。もしいま娘がそうなったらこれからの未来が大変なことになる、と思ったから母は強い態度《たいど》を示《しめ》したのでしょう。

だけど殻《から》にこもったわたしは、どんな言葉も聞き入れられなくなっていました。


部屋に閉《と》じ込《こ》もり、心のシャッターをおろしたまま、塞《ふさ》ぎ込むだけの時間を消費《しょうひ》して、中学生活が終わりを迎《むか》えました。

第二章

いまの時代のいじめについて

〈インタビュー〉

みゆうさん
ちはるさん
たくさん悩んだ先に、今は自分だけの
夢を見つけた2人の瞳と言葉には
力強い光が宿っていました。

今回、あらためていじめの問題に向き合おうとしたときに、わたしにはどうしても知っておきたいことがありました。

それは、「いまの子どもたちは、どんないじめにあっているのか」ということです。

わたしがいじめを受けていたのは、今から二十年ほど前のことです。その頃は、まだスマホもＳＮＳもありませんでした。

もしかすると、いまはいじめのかたちや学校の仕組みも、わたしの時代とは変わっているのかもしれない。だから、いまのリアルないじめをまず知って、そこから考えたいと思いました。

そこで、わたしは、つい数年前までいじめにあっていた十代の女性二人にお話を聞かせてもらうことにしました。

いじめの体験を思い出して語るのは、とてもつらかったと思います。勇気を持って話してくれたお二人に心から感謝しています。

まずは大人に変わってもらいたい

みゆうさん（十九歳）

二〇〇〇年生まれ。小学校、中学校を通していじめられ続けて不登校に。親が先生に相談しても、学校側に「いじめはなかった」と回答され、そこから大人への不信感を抱えたまま過ごすことになった。二〇一九年春に高校を卒業した。

つらかったバイ菌扱い

中川　みゆうさんがいじめられていると初めて感じたのはいつでしたか。

みゆう　小学校一年のときです。それから中学三年まで、程度の差はありましたが、ずっといじめられていました。

中川　えっ、そんなに長い間。どんないじめだったの？

みゆう　あからさまな悪口や陰口が絶えませんでした。自分では何を言われても気にしないようにしていたんですけど、中学一年のときに我慢《がまん》できないくらい苦しくなって、ついに不登校《ふとうこう》になりました。

中川　不登校になるきっかけは何かあったんですか。

みゆう　体育祭の練習で、ある一人の子から「こっちに来ないで」ってバイ菌《きん》扱いをされたんです。そうしたら、それを見ていたクラスのみんなからも一斉《いっせい》に「バイ菌」呼ばわりされて、避《さ》けられるようになってしまって。

中川　影響力《えいきょうりょく》のある子が誰かの悪口を言いだすと、クラス全体に伝《でん》染《せん》するから怖《こわ》いよね。

みゆう　それまでよく話をしていて、仲《なか》がいいと思っていた男子にまで裏で陰口を言われていたのはショックでした。もう誰が味方で、誰が敵かもわからなくなってしまって。

中川　それってすごくつらいよね。

みゆう　わたしは集団行動《しゅうだんこうどう》が苦手で、少人数で遊ぶのが好きだったので、「集団になじめないのは自分の性格のせいなのかな」って、悩んでしまって。

中川　自分を責《せ》めちゃったんだね。

大人への不信感

みゆう　それで、学校に行くのが嫌になって親に相談したら、父が抗議《こうぎ》しに行ってくれました。学校では定期的に「校内アンケート」があって、「みゆうちゃんが陰《かげ》でいじめられているからやめさせてほしい」と書いてくれた子もいたそうです。それなのに、学校も先生も、子ども同士の遊びとしか認識《にんしき》してくれなかった。父が聞かされたのは「いじめはない」という結論でした。

中川　なんでそうなるんだ！

みゆう　「いじめがある」と書いてくれた子は、いじめをやめさせるために勇気を持って書いてくれたと思うんです。それなのに、学校側は見て見ぬふりで、アンケートの結果は隠蔽《いんぺい》されてしまった。

中川　許せない！　なんのためのアンケートなの！　それを知ったときは悔《くや》しかったでしょう。

みゆう　大人ってそうやって都合《つごう》の悪いことは隠《かく》すんだ、ってすごくショックを受けました。誰も信じられなくなって、それから学校に行かなくなったんです。

中川　その気持ち、すごくよくわかるよ。大人を絶対に許せなくなるんだよね。そんなときに味方になってくれるクラスメイトはいたのかな？

みゆう　不登校になってからも、毎日連絡をとってくれる子が一人だけいました。でもその子も不登校になって、転校してしまいました。

中川　その子は自分がつらかったからこそ、他人の痛みもわかったんだろうね。

みゆう　はい。ほんとうに嬉《うれ》しかったです。

中川　不登校になったときに、ご両親はどんな反応《はんのう》でしたか。

みゆう　「つらかったらとりあえず学校に行かなくてもいいよ」と言ってくれました。でもその言葉をそのまま受けとめられなくて複《ふく》雑《ざつ》な気持ちでした。父は自分の職場に一緒に連れていってくれたりもしていたんです。わたしを励《はげ》まそうとしているのがわかるだけに、「甘《あま》えているだけなのかな」って後《うし》ろめたい気持ちにもなってきて。

中川　えらいなぁ。学校でそんなに嫌《いや》な思いをしているのに、それでも「本当は行かなきゃいけないんじゃないか」って思えるなんて。

みゆう　でも不登校になってからは、家にいてもついネガティブなことばかり考えてましたよ。「わたしはもう誰にも必要とされていないんじゃないか」って。苦しくて仕方なかったです。それで、どんどん追いつめられて、衝動的《しょうどうてき》にリストカットしてしまったんです。そういうときって、誰《だれ》に何を言われてもまったく耳に入ってこなくて。もう全部シャットアウトしてました。

中川　わたしもそうだったな。死ななくてほんとうによかったよ。そんな苦しいときに、なにか救《すく》いになるものはあったの？

みゆう　嵐の櫻井翔君の大ファンなので、つらくなるといつも嵐の曲を聴いてました。『とまどいながら』っていう曲の前向きな歌詞が心に刺《さ》さって、勇気づけられるんです。嵐には救われまくってて……。ちょっと恥《は》ずかしいんですけど（笑）。

中川　全然恥ずかしくないよ！　やっぱり音楽って偉大《いだい》だなぁ。心がボロボロになると、音楽や言葉が急に輝《かがや》いて聴こえるときがある。わたしも大好きなさささきいさおさんの曲に励《はげ》まされてた。「ちっぽけな幸せに妥協《だきょう》していないか」みたいなお説教《せっきょう》のような歌詞がしみたなぁ。

SNSによるいじめ

中川　SNSやスマホを使ったいじめもあるんでしょう。
みゆう　高校一年のときに、クラスメイトとのLINEグループの中でのやりとりで、「こいつ退会《たいかい》させたい」みたいなことを書き込まれたことがあります。
中川　えっ、本人も見て、既読《きどく》になっているのに⁉
みゆう　「あいつうざいから退会させてよ」「だったらお前が退会させれば？」みたいなやりとりでした。
中川　それってすごく傷つくよね。直接言うんじゃなくて、グループのみんなが読んでいるのを前提《ぜんてい》でやるなんてひどすぎる。わたしだったら耐《た》えられないな。いまは、そういういじめが当たり前なのかな。
みゆう　妹も中学一年のときに同じようにLINEグループでいじめにあってました。「こいつうざいからいじめようよ」ってある一人が書き込んだら、「よし、じゃあいじめるか」みたいな軽いノリで、一斉にいじめが始まったんです。グループの中で、誰も止めようとしないのが信じられません。

中川　悪ふざけとかノリでいじめが始まるなんて人の心を軽く見すぎだよ。ＬＩＮＥはサッと書いてポンと送るだけだから、面《めん》と向かって言うより相手を傷つけているという感覚が薄《うす》いのかな。ハードルが低いというか。

みゆう　たしかにハードルは低いですね。それに、ＬＩＮＥの中でのいじめは見えないから、先生や親も気がつかないんです。

中川　じゃあ、もう言いたい放題《ほうだい》ってことなの？

みゆう　ただ、いじめている側がＬＩＮＥの画面をスクショ（スクリーンショット＝スクリーンの画面を写真に収めること）されて、ツイッターにさらされることもあるんです。

中川　それって、どういうこと？

みゆう　ＬＩＮＥでのやりとりの画面を写真に撮って、それをいじめの証拠《しょうこ》としてツイッターやインスタに上げるんです。一度ＳＮＳに上がってしまったら、拡散《かくさん》されるから、いじめていた側がこんどは逆にいじめの対象になることもあるんです。

中川　うわぁ……、ＳＮＳでのいじめはそんな複雑《ふくざつ》なことになってるんだ。

死んだらリセットはできない

中川　みゆうさんは、いまいじめられている子たちに、なんて声をかけてあげたいですか。

みゆう　うーん……。誤解《ごかい》されると困るんですけど、「わたしの場合は苦しむしかなかった」かな。

中川　えっ、それってどういうこと？

みゆう　わたしは学校にいても、不登校で家にいても、苦しみから解放《かいほう》されることは一度もなかったんです。だから、苦しいのを自分で認《みと》めちゃって、とことん苦しみながらなにかを見つけていくしかなかった。

中川　でもみゆうさんは自殺も考えるくらいつらかったんでしょう。「苦しむしかない」とは言っても「死ぬしかない」という意味ではないんだよね。

みゆう　はい。わたしにとって、「苦しむ」は「生きる」ってことなんです。生きるって、すごく苦しいことだから。自殺未遂《じさつみすい》をしたわたしが、いまだからこそ思うのは、死んだら人生はそこで終わってしまうということ。ゲームみたいにリセットもセーブもできない。だから絶対に死ぬという選択《せんたく》はしたくない。だって、いま「苦しい、苦しい」と思っていても、必ずマイナスがプラスになる瞬間《しゅんかん》がくるから。

中川　それは裏を返せば、苦しんだからこそ出会える素敵《すてき》なものがあるっていうことだよね。

みゆう　はい。不登校で家にこもっているときに、ネットがあったおかげで多くの大切な友人とも出会えました。

中川　わたしもそうだったな。ネットで外の世界とつながっていると、「自分を必要としてくれる世界はあるんだ」って前向きになれた。

みゆう　苦しいなかでも見つけられる幸《しあわ》せは必ずありますよね。

中川　わたしが自分の夢に向かって歩むことができたのはその幸せのおかげだな。みゆうさんのいまの夢は何ですか？

みゆう　声優《せいゆう》になることです。オーディションに落ちて、一度は挫《ざ》折《せつ》しかけたんですけど、夢をあきらめきれない。自信はないですけど、チャレンジし続けようと思ってます。

中川　いっぱい悩んで苦しんだからこそ、同じような経験をしている子にパワーを与《あた》えられる存在になるよ。ぜひ夢を実現してください！

みゆう　がんばります。もし中学一年のときに死んでいたら、声優という夢を見つけることも、こんなふうに中川さんに会うこともできませんでした。今日はわたしの話を聞いてくださって、ありがとうございます。生きていてほんとうによかった！

中川　こちらこそ、生きていてくれてありがとうだよ。

大人の責任は重い

中川　最後になりますけど、みゆうさんはいじめはなくせると思いますか。

みゆう　正直に言って、無理だと思います。

中川　えっ……（絶句）。

みゆう　もしいじめがなくせるんだったら、もうなくなっているはずです。毎年、夏休みが明ける前後は子どもの自殺がいまでも多いじゃないですか。なくせるなら、そんなことにはなっていないはずですよね。

中川　たしかにそうだね。だからこそ、なんとかいじめがなくなってほしいと思うけど。

みゆう　いじめがあっても先生や学校がそれを認めないし、わかっていても隠《かく》そうとする。だから、どれだけいじめが多くても、世の中に知られないし、なかったことにされてしまう。まずは大人に変《か》わってもらいたいです。

中川　わたしも含《ふく》めて、大人の責任《せきにん》は重《おも》いですよね。みゆうさんの言葉をしっかり受けとめたい。

みゆう　すぐにいじめをなくすのは無理でも、「自殺防止教室《じさつぼうしきょうしつ》」みたいなのをやったら減《へ》っていくんじゃないかな。いじめを経験したわたしたちが、先生や文部科学省《もんぶかがくしょう》のお役人《やくにん》さんたちに話をするのはどうだろう。そういうことも、いじめをなくす道に繋《つな》がるかもしれないと思います。

中川　目の前のできることから取り組んでいくのは、すごく大切なことですよね。

「逃げ道」ではなく「違う道」

ちはるさん（十八歳）

二〇〇〇年生まれ。幼いころから周囲にとけこもうと「いじめられないキャラ」を演じるように。私立中学を目指したのをきっかけにいじめが表面化。小学校高学年から不登校になる。二〇一九年の春、通信制の高校を卒業して大学に進学。現在は法学部で政治を学ぶ一方、ウェブサイトを運営し、生きづらさを抱える同世代の声を発信している。

キャラを演じる

中川　ちはるさんがいじめを意識《いしき》したのはいつ頃だったんですか。

ちはる　幼稚園《ようちえん》で悪口を言われたり、仲間はずれにされることが多かったんです。なんでいじめられるんだろうって、その頃からいつもひとりで考えていました。何をされても文句を言わない内気《うちき》な性格だからかなって。

中川　その歳《とし》で自分の性格を冷静に分析《ぶんせき》できるのはすごいなぁ。わたしなんて何も考えずに無邪気《むじゃき》にはしゃいでましたよ。

ちはる　「いじめられキャラ」だってすでに自覚《じかく》してました。小学校に入学してからもいじめられたので、もうキャラを演《えん》じるようにしようと考えたんです。

中川　キャラを演じるって、どういうこと？

ちはる　明るくて面白い女の子はクラスの中でも人気があっていじめられない。そういう「いじめられないキャラ」の傾向《けいこう》を研究《けんきゅう》して、自分もなるべくそのキャラに寄《よ》せていったんです。一番にはなれないけど、二番手、三番手ぐらいだったら入る余地《よち》があるかもしれない。そうすればいじめられずに済《す》む、その一心《いっしん》でした。

中川　すごい分析力！　演じなくてはならないくらい、いじめがつらかったんだね。
ちはる　はい。とにかく「いじめられキャラ」から抜け出したかった。でも、本当の自分と演じているキャラのギャップが大きすぎて、今度はそれがつらくなりました。理想《りそう》のキャラでいるためには、いつも自分を抑制《よくせい》しなくちゃいけないでしょう。
中川　「本当の自分」と「キャラ」の間を行ったり来たりしていたんだね。
ちはる　相手や場所に合わせて、演じ分《わ》けようとしてました。家、学校、塾《じゅく》、英語教室……。場所によってキャラを変えなきゃいけない。
中川　誰でも相手や場所によって、多少はキャラが変わるものだけど、そこまで極端《きょくたん》に変えていると疲《つか》れちゃうよね。
ちはる　もう疲れ果《は》てて、どれが本当の自分なのかわからなくなっていました。
中川　それもこれも、すべていじめから自分の身を守《まも》るためだったんだね。

ちはる　もう必死《ひっし》でした。

中学受験でいじめが激化

ちはる　キャラを演じるようになってからも、いじめは止《や》みませんでした。環境《かんきょう》を変えたくて、小学校五年生のときに塾に入って私立中学を目指すことにしたんです。そうしたら、それまでいちばん仲がよかった子から無視《むし》されるようになりました。根拠《こんきょ》のないデマまで流されるようになって。

中川　それはどんなデマだったの？

ちはる　わたしがテストでカンニングをしているとか、頭が悪いくせに偏差値《へんさち》の高い有名私立中学を受験しようとしているとか。

中川　その子はちはるさんが中学受験をすると知って、裏切《うらぎ》られたと思ったのかもしれない。仲良しで好きだったからこそ、寂《さび》しかったんでしょうね。
ちはる　そうですね。でも、その子は人気者で影響力《えいきょうりょく》が大きかったので、その後はクラスのみんなのわたしに対するいじめが一気に激《げき》化《か》したんです。小学校六年のときには、クラスの全員から無視されてました。仲のよかった友だちだっただけにショックが大きくて、それから学校を休みがちになりました。

先生が信じるのは不登校の子より優等生

中川　いじめを受けていることを先生には相談したんですか。
ちはる　はい。でも、その子が学級委員をやるような優等生《ゆうとうせい》だったので、わたしの話はまったく信用してもらえませんでした。
中川　優等生と不登校の子だったら、優等生を信じるというわけか。
ちはる　そうなんです。いじめられているわたしのほうが何度も校長室に呼び出されて、「あなたは嘘《うそ》をついているから、相手の子に謝《あやま》りなさい」って一方的《いっぽうてき》に指導《しどう》されました。「校長室まで来てください」っていきなり校内放送で呼び出されたこともありました。

中川　それはひどい！　なんでそんなことするんだろう。まるで嫌《いや》がらせだ！

ちはる　いじめもつらかったけど、先生や学校の対応《たいおう》に嫌気《いやけ》がさして、本格的に不登校になったんです。そうしたら、校長先生や担任《たんにん》が毎日のように家に来て、「あなたが嘘を言ったのをもう責《せ》めたりしないから、学校に行きましょう」って言うんです。

中川　えっ！　ありえない！

ちはる　わたしが否定《ひてい》も反論《はんろん》もせずに口を閉ざしてしまったので、「この子は嘘をついたことを認《みと》めたんだ」と判断《はんだん》したみたいです。それで、ほっといてくれればいいのに、とにかく学校に行こうの一点張《いってんば》り。共働《ともばた》きの両親が家にいないときにやって来て、無理やり学校に連れていこうとしたこともあります。

中川　それは怖《こわ》すぎる！

ちはる　あまりにも対応がひどかったので、親が文部科学省《もんぶかがくしょう》が出しているいじめのガイドラインに照《て》らして、いじめの事実があったということを書類にして学校に提出《ていしゅつ》したんです。そこから話し合いをするはずでしたが、学校が怖くてわたしはもう行けなくなっていました。そうしたら、わたしが不在《ふざい》のままクラスのみんなで話し合って、「いじめはなかった」という結論にされてしまったんです。

中川　どうして、そんな欠席裁判《けっせきさいばん》みたいなことが平気《へいき》でできるんだろう。どう考えても、いじめや不登校をなくそうとしているとは思えないですよね。

ちはる　いじめのガイドラインにも「いじめというのは、被害者《ひがいしゃ》がいじめだと思ったら、それはいじめになります」と明記《めいき》されているんです。先生たちにもちゃんと読んでもらいたいです。

中川　ガイドラインでも被害者が主体《しゅたい》になっていますよね。それなのに、なんで先生はいじめられた側に寄《よ》り添《そ》おうとしないんだろう。

ちはる　それからは先生も学校も怖くなってしまって、ほとんど通《かよ》えませんでした。結局、受験にも失敗して環境を変えることができず、地元の中学校に入学しましたが、一学期だけ行って、あとは不登校になりました。

中川 中学でもいじめられたの?

ちはる 小学校でわたしをいじめていた子たちも同じ中学だったので、状況はなにも変わらなかったです。登校したときには、あいかわらず無視されて、陰口をたたかれてました。中学の三年間はずっとそんな感じです。中学の先生もまったくいじめに気づく気配《けはい》はありませんでした。もう先生にはなにも期待《きたい》してなかったですけど。

学校というシステムへの恐怖心

中川 高校はどうしたの?

ちはる 英語が好きだったので、猛勉強《もうべんきょう》して国際科のある公立高校に入学しました。でも小中時代の学校への恐怖心や先生への不信感《ふしんかん》がトラウマになっていて、どうしても通うことができませんでした。

中川　環境が変わって、新しい先生になっても、学校というシステムへの恐怖心がもう拭《ぬぐ》えなかったんだね。

ちはる　先生もクラスメイトもみんな優《やさ》しいのに、それでも怖くなってしまうんです。さらに、怖いと思ってしまう自分自身に嫌悪感《けんおかん》を持ってしまって。せっかく環境が変わってやり直せると思っていたのに、入学して二週間くらいしたら、今度は声が出なくなってしまったんです。

中川　精神的《せいしんてき》に追い詰められてしまったんだ。

ちはる　はい。そのときから、死を考えるようになりました。電車通学のホームで、いまこのタイミングで落ちたら死ねるな、とかそんなことばかり考えてしまって。

中川　わたしにも同じような経験があります。

ちはる　でも、わたしはすごく怖がりなので、リストカットしようとしても、怖くてできないんです。死のうとしても、なにもできない自分がまた嫌《いや》になってしまう。その繰《く》り返《かえ》しでした。学校に行けずに引きこもっていたんですけど、いまの学校にこのままいたらほんとうに死んでしまうかもしれないと思って、悩んだ末に六月に通《つう》信《しんせい》制の高校への転校を決意《けつい》しました。

中川　よく決意できましたね。周囲《しゅうい》の反応《はんのう》はどうでしたか。

ちはる　担任の先生には、入学してからまだ三か月しかたってないのにやめるなんてもったいない、って強く引き止められました。その先生の妹も通信制の学校に通っていて、結局、卒業できなかったらしいんです。その話を引き合いに出して、通信制の高校は中途半《ちゅうとはん》端《ぱ》になるからやめたほうがいいって。

中川　それは全員に当てはまる話じゃないよね。わたしも通信制の高校でしたけど、自由なスタイルがわたしには合っていた。中学では不登校だったのに、だんだん通えるようにもなりましたから。

ちはる　ただ、親も最初はすごく反対していたんです。志望《しぼう》していた学校が、まだ開校一年目で実績《じっせき》がなかったこともあって。

中川　通信制は進学に不利《ふり》で、未来の選択肢《せんたくし》が狭《せば》まると思われがちですよね。

ちはる　学費《がくひ》の負担《ふたん》も大きかったので悩みましたが、最後は自分の心の声に従《したが》って通信制高校への進学を決めました。両親を説得《せっとく》して、高校一年の十二月にようやく転校できたんです。

通信制高校で自分に向き合う

中川　声が出なくなるくらい学校が怖かったのに、目の前の問題にちゃんと向き合って、自分で進路《しんろ》を決められるなんてすごいなあ。強くなりましたね。

ちはる　少しだけ自信がつきました。

中川　通信制の高校ではトラウマに襲《おそ》われなかったですか。

ちはる　授業をインターネットで受けるので、先生や友だちとのコミュニケーションも最初はネットを介《かい》してスタートするんです。わたしにはそれがよかったんだと思います。

中川　ネットではどんなふうにやりとりするの？

ちはる　Ｓｌａｃｋ（スラック）というコミュニケーションツールがあって、そこで電話をしたり、チャットで話したりできるんです。その高校には、わたしと同じように不登校だったり、いろんなつらい経験をしている子が多く在籍《ざいせき》していました。それもあって相手を信頼《しんらい》することができたんです。先生もフランクで、何でも相談にのってくれました。

中川　それは安心できるよね。

ちはる　ネットで話していると、リアルで会いたくなるじゃないですか。それでリアルで会ったりしているうちに学校にも行けるようになりました。そこから少しずつ、いろんな課題《かだい》が見えてきて、自分に向き合えるようになったんです。高校を卒業して、いまは大学の法学部で学んでます。

中川　すごいなぁ！　なにかあったらよろしくお願いします（笑）。

どん底で見えるもの

中川　ちはるさんは、いまいじめや生きづらさを抱《かか》えて悩《なや》んでいる子に、どんな声をかけてあげたいですか。

ちはる　わたしは完璧主義《かんぺきしゅぎ》で、「こうあるべきだ」という自分の理《り》想《そう》にすごくとらわれていました。よく考えたら、物事《ものごと》がなんでも自分の思い通りに運《はこ》ぶわけがないですよね。それなのに、「あるべき自分の姿」にこだわりすぎていた。それで、他人からの視線《しせん》ばかりが気になっていたんです。だから「どん底《ぞこ》まで落ちたら、自分を縛《しば》っていた考え方から解放《かいほう》されて自由になれたよ」って伝《つた》えたいです。

中川　すごく実感《じっかん》がこもった言葉ですね。どん底まで落ちて何が変わったんですか。

ちはる　まず他人の視線とか偏見《へんけん》を怖がらなくなりました。自分の経験から得《え》たものを信じて進めば大丈夫だ、って開き直れるようになったんです。いまの自分が不十分でも、そこから掘《ほ》り進んでいけば、必ずどこかに道がつながっているはずだから。

中川 最近は不登校の問題がいろんなメディアでもとりあげられていますよね。そこでは「学校には無理して行かなくてもいい」「逃《に》げるのも大事《だいじ》」といった意見をよく目にするけど、これについてはどう思いますか。

ちはる 時と場合によるのかな。悩みや苦しみの原因もひとりひとり違《ちが》うから。ただ、わたしは、「逃げる」という言葉には少し違和《いわ》感《かん》があって、「逃げるのではなくて、違う道を選択《せんたく》した」と思っています。

中川 すごく心に残る言葉ですね。

ちはる 他の人からは、通信制高校に転校するのが、「逃げ道」に見えるのかもしれません。でも、わたしはそこで密度《みつど》の濃《こ》い時間を過ごすことができました。明らかに自分を変えていくことができたんです。卒業《そつぎょう》したいまはっきり言えるのは、わたしにとってはこっちが正規《せいき》のルートだったということです。

中川　「逃げ道」ではなく「違う道」。この考え方は、同じ経験をしている人にすごく刺《さ》さるよね。「逃げてもいいよ」っていうのはポジティブなようでいて、「逃げる」という言葉自体に「本来進むべき道から外《はず》れる」というネガティブな意味合いが含まれていますもんね。

ちはる　はい。だから、自分に合わなかったり、もう無理って思ったら、「違う道」を探《さが》せばいい。そう考えると、意外に気持ちがラクになります。

子どもは大人に二度傷つけられる

中川　ちはるさんは、いじめはなくせると思いますか。

ちはる　なくしたいですけど、完全になくすのは難《むずか》しいと思います。

中川　それはどうして?

ちはる　人間関係って、どうしても合う合わないという相性《あいしょう》があるじゃないですか。それがもつれて攻撃《こうげき》するのは、本能《ほんのう》として避《さ》けられないと思うんです。相性の悪い人とどう向き合っていくか、そういう社会的な対処法《たいしょほう》がわからない子どもだって多いと思います。だから相手を攻撃《こうげき》してしまうのは、ある程度は仕方《しかた》のないことなのかなと思ったりもして。

中川　人間には理性《りせい》があるはずだけど、それが育つまでは傷《きず》つけあうのもしょうがないということなのかな。

ちはる　だからこそ、いじめが起きた後のケアや教育が重要だと思うんです。先生や親がちゃんといじめに気づいて、「これはよくないことだよ」というのを教えてあげる必要がある。大人がどう対処するかによって、いじめられた子どもの心の傷の癒《い》え方が変わってきますから。

中川　たとえば、道徳《どうとく》の授業で「いじめ教育」をするのはどうかな？

ちはる　効果《こうか》はないと思います。だって道徳の授業ってつまらないじゃないですか。

中川　たしかに、そうだよね。

ちはる　わたしは、いじめはなくせないけど、いじめ自殺はなくせるかもしれないと思うんです。子どもたちがいじめに苦しんで、自殺に追い込まれるのは、いじめそのものの苦しさもあるけど、それ以上に、いじめられていることを信じてもらえず、気づいてもらえず、気づいてもなかったことにされてしまう、そんな大人の態度《たいど》に絶望《ぜつぼう》するからです。

中川　ちはるさんのケースもそうでしたよね。

ちはる　子どもはいじめによって傷つくだけじゃなくて、大人たちがいじめを放置《ほうち》したり、隠《いん》ぺいすることよって、二度傷つけられる。わたしが最初に相談したときに、先生がちゃんと話を聞いて対応してくれていたら、自殺を考えるまで追いつめられることはなかったはずです。

中川　大人がいかに早い段階《だんかい》でいじめに気づいて、いじめられている子にどう寄《よ》り添《そ》ってあげられるか。それが、なによりも重要ということですね。

ちはる　いじめで苦しんでいるときに、ほんとうに信頼できる大人に出会えれば、いじめによる自殺も減るんじゃないかと思うんです。

中川　大人の姿勢《しせい》が問われている、ということだ。

学校が唯一の居場所ではない

ちはる　いじめで追いつめられている子どもたちにとって、学校以外の居場所《いばしょ》ってすごく重要ですよね。

中川　学校って逃げ場がないもんね。

ちはる　それで、わたしは大学に入ってから、生きづらさを抱《かか》えている人が自分の気持ちを言葉で伝えるためのウェブサイトを立ち上げて活動をすることにしました。

中川　すごい行動力！

ちはる　学校以外にも自分の居場所があることに気づいてほしかったんです。そうすれば、いじめや不登校で悩みを抱える子どもたちの心が少しはラクになって、自殺も減《へ》らせるかもしれない。そういう居場所にしたいんです。

中川　学校が唯一の居場所だと思うから、息苦《いきぐる》しくなっちゃうんだよね。わたしもネットで同じ趣味の人を見つけて、すごくラクになれたもの。

ちはる　実は、わたしは近い将来《しょうらい》に学校はいまのようなかたちが絶対ではなくなるような気がしているんです。

中川　それは、学校に通わずに授業はインターネットでするスタイルになるということですか。

ちはる　はい。いろんなスタイルの学校があれば、いじめで追い込まれる子どもがいなくなるんじゃないかという期待をこめた妄想《もうそう》ではあるんですけど。

中川　なるほど、たしかにあり得る話ですよね。いじめがなくなるのは大歓迎《だいかんげい》だけど、わたしは学校で学ぶべき社会性とかコミュニケーションもあると思っていて、すべてがネット授業というスタイルには、まだ少し抵抗《ていこう》があるかな。でも、どんなスタイルの学校になろうとも、ひとりひとりに合った「居場所」は絶対に必要だと思います。

いじめをなくすために、いまできることは何なのか――。

このことを考えるために、わたしはもっといじめの現状について深く知りたいと思いました。

そこで、「不登校新聞」の石井志昂編集長にお話を聞かせていただくことにしました。「不登校新聞」は「当事者の声に寄り添う」をモットーにしている、日本で唯一の不登校に関する新聞です。

石井編集長はこれまでに、いじめや不登校で生きづらさを抱える子どもや若者、識者など千人以上に取材を重ねて、情報を発信し続けています。

誰もがいじめの標的になる時代

石井志昂（いしい・しこう）
一九八二年生まれ、東京都町田市出身。中学校受験を機に学校生活が合わなくなり、理不尽な校則、いじめなどが原因で中学二年生から不登校に。その後ＮＰＯ法人全国不登校新聞社が発行する「不登校新聞」のスタッフとなり、二〇〇六年から編集長を務める。

匿名でいじめられる恐怖

中川　みゆうさんとちはるさんの話を聞いて、わたしが中高生だったときとはまた違ったいじめのかたちが見えて驚《おどろ》きました。

石井　十年前、二十年前と大きく変わったのは、インターネットや

SNSの利用が格段《かくだん》に広がったことです。いまは、小学生がスマートフォンやSNSを利用する時代です。自分用ではなくても、自宅に家族共有のパソコンがあったり、自分のゲーム機からインターネット接続が可能だったりするので、子どもたちは常にネット環境《かんきょう》にさらされています。

中川　わたしはいじめられて落ち込んでいた不登校のときに、インターネットにすごく救《すく》われました。まだインターネットが世の中に広がり始めて間もないころでしたが、学校以外にも共通の趣味を持つ人がいることに気づいて世界が広がりました。

石井　インターネットにつながることで生きづらさから解放《かいほう》されるのは、いまの時代ならではの救《すく》いだと思います。

中川　SNSも友だちや家族にSOSを発信するツールになりますし、自分を支《ささ》えてくれる友だちとつながる貴重《きちょう》な手段《しゅだん》になりますよね。

石井　はい。ただ、一方ではSNSを使ったいじめも生まれています。

中川 わたしの学生時代は悪口を言われたり、無視されたり、靴箱《くつばこ》をへこまされたり、といったリアルないじめが主流《しゅりゅう》でしたが、いまはSNSによるいじめも見過《みす》ごせないんですね。

石井 最近も中学生の女の子に、なぜ不登校になったのか取材《しゅざい》したら、LINEグループでのいじめが原因《げんいん》でした。LINEグループの中で、人前《ひとまえ》では言えない先生や先輩の悪口をみんなで言い合っては盛り上がっていたみたいなんです。ところが、他の子たちのコメントは全部消されて、その子の発言だけがツイッターでさらされてしまった。それで、怖い先輩たちから目をつけられて、いじめの標的《ひょうてき》になって学校に行けなくなったそうです。

中川 思春期《ししゅんき》にそれやられたら傷つきますよね。

石井 SNSでのいじめは匿名《とくめい》のケースが多くて、誰がいじめているのか見えづらい。いまはツイッターがいじめによく使われていて、裏《うら》アカ（裏アカウント）や闇《やみ》アカ（闇アカウント）を取得《しゅとく》して、匿名で悪口やうわさ話を拡散《かくさん》するんです。

中川　いじめている相手の顔すら見えないなんて、匿名ってほんとうに怖いですね。

石井　悪口やうわさ話は拡散《かくさん》されるうちに必ずエスカレートしますから、本人が気づいたときには取り返しのつかない事態《じたい》になっているんです。

二四時間いじめにさらされる

石井　スマホが普及《ふきゅう》して、ＬＩＮＥができてからは、特に女子たちの間では、いつどこにいてもクラスの友人関係を抱《かか》え込まなくてはならない状況が続いています。

中川　それはつらいですね。二四時間三六五日、学校での人間関係から離《はな》れられないなんて……。

石井　そうなんです。たとえば、午前三時に「いま何してる?」っていうLINEが着信したら中川さんならどうしますか?

中川　真夜中なんだから、寝てたら返信できませんよね。

石井　大人はそう考えるのが普通だと思うんです。でも、いまの子どもたちには即《そく》レス義務《ぎむ》(即座に返信をしないといけない)というルールがあって、無視したらいじめの標的《ひょうてき》になりかねない。だから、夜中三時のメールでも、すぐ返信しなくてはならないんです。

中川　それじゃあ気の休まる暇《ひま》がない。二四時間、学校での人間関係に縛《しば》られ続けるなんてつらすぎます。

石井　しかもSNSの中で行われているので、先生や親には一切《いっさい》その人間関係が見えてこないんです。

中川　誰にも見つけられないですよね。

石井　先日、取材でこんな話も聞きました。高校生の女子が部活のメンバーでつくったLINEグループから自分だけはずされているのに気がついて、「私も入れて」と言ったら、そのLINEグループには入れてもらえたそうなんです。ところが、その子が入った途《と》端《たん》、LINEグループ上のやりとりが一切なくなってしまった。

中川　入った途端に？

石井　そうです。彼女を外《はず》したLINEグループが新たに作られて、そちらにグループが引き継《つ》がれていたんです。

中川　それは、LINEグループ内での無視、というかハズしですよね。

石井　これはまさに心理的な暴力ではありますが、LINEグループでメッセージのやりとりをしなかったことを、いわゆる「いじめ」と呼べるのかという問題もあります。

中川　学校や先生に相談したとしても、「それは気にしすぎじゃないか？」と片《かた》づけられてしまいそうですよね。

石井　だから相談もしにくいと思うんです。

中川　うーん、難しいなあ。大人はLINE上でのやりとりなんて遊びの延長《えんちょう》くらいにしか思ってないでしょうしね。当事者《とうじしゃ》にしてみたら、胸を締《し》めつけられるくらい苦しくてつらいことだと思います。

誰もがいじめの標的になる

石井　中川さんが中学や高校に通っていたときは、いじめる側といじめられる側が、はっきりと分《わ》かれていたでしょう。

中川　そうですね。いまは違うんですか。

石井　国立教育政策研究所《こくりつきょういくせいさくけんきゅうじょ》（文部科学省《もんぶかがくしょう》の研究機関）が小学校四年生から中学三年生までを対象《たいしょう》にして行った最近のいじめ追跡調査《ついせきちょうさ》では、「いじめられた経験がある」と答えた子どもが八九％にのぼっています。

中川　そんなにいるんですか！

石井　一方で、「いじめた経験がある」と答えた子どもも七九％に及《およ》びました。

中川　八割の子にいじめた経験があり、九割にいじめられた経験があるって、数字が合いませんよね。どういうことですか。

石井　両方に回答《かいとう》した子どもが多いということです。つまり、いまは誰もがいじめの加害者にも、被害者にもなり得《う》るということなんです。

中川　えっ！　どちらにも？　もう少し詳《くわ》しく教えてください。

石井　昔はスクールカーストも上位、中位、下位の区分けがはっきりあって、上位が自分よりも下をいじめるというシンプルな構図《こうず》でした。でもいまは、それぞれのカースト内でもいじめが起きているんです。

中川　きっかけは何なんですか？

石井　言葉づかいが気に入らないとか、部活でのトラブルとか、ほんとうにささいなことです。それで、いちどグループ内でいじめが起きると、標的にされた子はそのグループを外《はず》れて、一つ下のカーストに移《うつ》ることになるんです。

中川　今日、上位カーストにいても、明日には中位カーストにいるかもしれないんですね。

石井　いまは、いじめていた側も、簡単にいじめられる側にまわってしまう。いつ自分がいじめの標的になるかわからないので、教室はいつも緊張感《きんちょうかん》に包《つつ》まれています。ひとつひとつの発言《はつげん》にも常《つね》に気を使わなくてはならない。

中川　教室にいても周囲からの目が気になってしょうがないですね。

石井　だから、自分がいじめられないように、攻撃的《こうげきてき》になって予防《よぼう》線《せん》を張《は》ったりもするんです。

中川　自分がいじめる側にいれば、大丈夫《だいじょうぶ》だと思ってしまうんですね。

いじめを引き起こす仕組み

中川　なにかいい解決法《かいけつほう》はないですかね。

石井　そもそも僕は、いまの学校にはいじめを引き起こす仕組《しく》みがあるように思うんです。

中川 それはどんな仕組みですか。

石井 学校ではクラス編成《へんせい》をするときに、先生たちが事前《じぜん》にクラスのリーダーになれそうな子を選《えら》んで振《ふ》り分けているんです。

中川 たしかに、どのクラスにも発言力《はつげんりょく》の強いリーダー的な存在がいましたね。

石井 以前は学級委員になるような優等生タイプの子を選んでいたんですが、最近は「雰囲気《ふんいき》を作れそうな子」というあいまいな基準《きじゅん》でリーダーを選んでいるらしいんです。

中川 「雰囲気」って何なんですか？

石井 クラス全体の空気を作れるという意味ではないかと思うんですけど、そこに落《お》とし穴《あな》があるんです。先生はそのリーダーをあてにしてクラスを運営《うんえい》するから、どうしても構造的《こうぞうてき》にその子を頂点《ちょうてん》にしたスクールカーストが生まれやすいんです。

中川 そのリーダーに嫌《きら》われたらおしまい、ということですよね。

石井 そうなんです。リーダーを選んだのが先生だから、その子がいじめを始めても、もう誰にも止められない。

中川 そのリーダーがクラスで絶対的な力を持ってしまうんですね。

石井 文部科学省もさまざまなかたちでいじめについての追跡調査《ついせきちょうさ》を行《おこな》っていますが、実態《じったい》を明らかにするのは難しいようです。

中川 「いじめアンケート」が校内で行われているのに、その結果が生《い》かされていないと聞きました。その結果、大人に裏切《うらぎ》られたと感じて、それが不登校につながるケースも少なくない。

石井 SNSでのいじめの話もしましたが、基本的に日本のいじめは八割がた教室で起こっています。これは世界的に見たらすごく特《とく》殊《しゅ》なんです。

中川 えっ、そうなんですか。

石井 海外では、教室の外でいじめが起こります。通学のバスの中や通学路、放課後の遊び場などです。つまり、大人の目が届《とど》かない場所でいじめが起こっているんです。一方、日本では教室でいじめが起きている。つまり、いじめが大人の目の前で起こっているんです。それなのに大人が気づかない、あるいは気づかないふりをする。これが日本のいじめの現状です。

中川　大人がいじめの事実から目をそらそうとしたり、なかったことにすることで、子どもは追いつめられて、絶望感《ぜつぼうかん》を抱《いだ》いてしまう。そんなことがあってはいけない。社会の受け止め方を変えていかなくてはいけないと思います。

いじめられた記憶は一生消えない

石井　僕は不登校新聞で十五年ほど取材を続けてきましたが、いじめた側を取材するのって難《むずか》しいんです。これまでに、かなり多くの人がいじめに加《くわ》わってきたはずなのに、それを語《かた》ろうとする人が出てこない。

中川　いじめたことなんて誰も語りたくないですよね。

石井　後《うし》ろめたい気持ちがあるんでしょうね。

中川　あるいは、いじめたこと自体を忘れているのかもしれない。

石井　正直に言うと、僕は小学校六年のときにいじめをした経験があります。クラスのみんなから、「臭《くさ》い」「汚《きたな》い」といじめられていた女の子がいたんです。彼女が使った水道の水栓《すいせん》をみんなで避《さ》けたりもしていました。つい軽い気持ちでそれに乗っかって、彼女が近くを通った時に「わっ、臭い」と言ってしまったんです。しかもそのことをすっかり忘れていた。

中川　いじめたほうはすぐに忘れても、彼女には心の傷として一《いっ》生《しょう》残るはずです。いじめられた記憶って消えないんです。

石井　ほんとうに申し訳なかったと思っています。彼女のことを考えると、いまでも胸が苦しくなります。

中川　ただ、石井さんをかばうわけではないですが、ノリや雰囲気で人を傷つけてしまうことは、きっと誰にでもあるはずです。

石井　それが、いちばんよくないんですよね。

中川　いじめではないですが、わたしもなにげなく発したひと言で相手を傷つけてしまったことがあります。言葉って、こわいですよね。

石井　自分では無意識《むいしき》のうちに相手を傷つけてしまう。

中川　だから、わたしはできるだけ相手の気持ちになって言葉を使うように心がけています。

「いじめ」という言葉が使われなくなった

中川　テレビのバラエティー番組では芸人さんがいじられているのをよく目にしますよね。子どもたちが遊びでそれを真似《まね》して、それがいじめにつながることもあるんじゃないですか。

石井　そうですね。テレビの子どもたちへの影響力《えいきょうりょく》は、大人が想像《そうぞう》する以上に大きいです。でも、バラエティー番組での「いじり」や「キャラ付け」は、その道のプロが芸としてやっているもので、素人《しろうと》のわたしたちに真似できるものではありません。ましてや子どもたちが悪ふざけでやっていい類《たぐい》のものではないんです。

中川　やられた本人が嫌《いや》だと感じた時点で、もういじめですからね。

石井　実は、最近の子どもは「いじめ」という言葉を使わなくなってきているんです。取材をしていても、「いじりがつらい、キャラ付けがつらい」という言い方をする子が多い。いじめる側、いじめられる側がコロコロ変わるような状況なので、かつての「いじめ」という言葉にリアリティを感じなくなっているのかもしれません。

中川　それは、いまのいじめがより見えづらくなっているということでもありますね。

無意味な校則が多すぎる

石井　僕はいじめを生みだす背景《はいけい》には、「締《し》めつけ」があると考えています。

中川　「締めつけ」とは？

石井 「ストレス」と言い換《か》えてもいいんですが、たとえば、学校の校則《こうそく》がそうです。いまは、意味のない校則があまりにも多すぎる。「靴《くつ》の中敷《なかじ》きは白に限《かぎ》る」とか。「チャイ着《ちゃく》」とか。

中川 「チャイ着」ってなんですか。

石井 チャイムが鳴る前に着席することを「チャイ着」というらしいんです。

中川 でも、チャイムが鳴らなかったら戻《もど》れないじゃないですか。

石井 僕もそう思うんですけど、「チャイ着ができない」と問題になるらしい。

中川 変なの！

石井 そういう意味のないルールを押しつけられて、子どもたちはがんじがらめになっている。大人が校則で締めつけるから、ストレスのはけ口として、いじめやいじりが起こるという事実が見過ごされています。

中川 軍隊やブラック企業など締めつけの多い組織《そしき》ではいじめが起

こりやすいと聞いたことがあります。

石井　子どもを締めつけるから、今度は子どもたち同士《どうし》で締めつけ合うようになるんです。それがまたいじめにつながっていく。

中川　たしかに、わたしの通った通信制高校には無意味な校則がなくて自由でしたね。高校に通うようになって、ようやく一息《ひといき》つくことができました。学校に行きたい人は行けばいいし、通学できない人は自宅で勉強したり、レポートを提出《ていしゅつ》すればいい。時間の使い方は自分次第《しだい》で、好きな本を読んだりすることもできました。それでようやく息が吸《す》えるようになったんです。もう一度学校に行こうと思えるようにもなりました。

石井　中川さんの高校のようにある程度の自由や流動性《りゅうどうせい》があると、ストレスが減《へ》るのでいじめが起きにくいんです。ストレスを引き起こす要因《よういん》をストレッサーといいますが、いじめをなくすためには、このストレッサーをどう減らしていくかが重要だと思います。

自分らしい生き方を見つける

中川　締めつけのない状況でいじめが減らせるなら、通信制高校やフリースクールも悪くない。そう考えれば、わたしの選択《せんたく》は間違《まちが》いではなかったのだと思えます。

石井　『西の魔女が死んだ』（梨木香歩・著）という小説があるんです。主人公は不登校の中学生の女の子です。彼女がいまの学校から転校をするべきか悩んでいると、魔女《まじょ》であるおばあちゃんはこう言います。

「自分が楽に生きられる場所を求めたからといって、後ろめたく思う必要はありませんよ。……シロクマがハワイより北極で生きるほうを選んだからといって、だれがシロクマを責めますか」

このおばあちゃんの言葉が僕は忘れられません。

中川　ハワイのシロクマ。すごくわかりやすい！

石井 ゴールは、学校に行くことではなくて、自分らしい生き方を見つけることですよね。

中川 同感《どうかん》です。わたしも、いま苦しんでいる子どもたちが、未来の自分に目を向けてくれることを願っています。

第三章
いじめ時間をサバイブする

「卒業すれば楽になるよ」と言われても

大人は「いじめで苦しいのはいまだけ。大丈夫、卒業しちゃえば楽《らく》になるよ」とよく言います。わたしも大人からこう言われたことがあります。「わたしも同じような目にあってたけど、卒業すれば楽しいことがたくさんあるよ」

でもこの言葉、実際《じっさい》にいじめで苦しんでいるときのわたしの心にはまったく響《ひび》きませんでした。その人も良かれと思って声をかけてくれたと思うけど、それでも「うるさいな。あなたにはもう関係ないけど、わたしは明日も学校行かなきゃいけないんだよ！」と心の中では反発《はんぱつ》してしまいました。大人に対する不信感《ふしんかん》が生まれてしまったし、今日一日をどう生き抜《ぬ》くか、そのことに精一杯《せいいっぱい》だったんです。

ある時
大人の人が
こんな風に話してきた
大丈夫！私もいじめられてた
けどさ、卒業しちゃえば
楽になるのよーー
うるさいなぁ
あなたと違って
わたしは明日も
学校行かなきゃ
いけないんだよっ
だーいじょぶよっ
苦しすぎた15歳のとき
良かれと思って
言ってくれてるだろう大人に
心の中で悪態をついてしまった
大人は自分の意見を
押しつけないでほしいと思った
悩みも 心のかたちも
みんなちがうから
とっても難しいことだけど
同じように
死にたい夜を越えた
先の未来に生きてる
大人として
あの頃の自分や
今悩んでいる人に
寄りそえる言葉を
見つけられたら
いいな

こんなふうに言う大人もいます。

「学校で起こることは、社会で起こることの予行練習《よこうれんしゅう》みたいなものなんだから、そのくらいうまく生き抜かなきゃ、社会に出てやっていけないよ」

大人だって人間関係で息苦しさを感じることがあると思います。でも、大人は人間関係を切り捨《す》てて、逃《に》げることができます。自分で判断して居場所《いばしょ》を変えることもできます。いろいろな経験値《けいけんち》があるから、仕事は仕事だと我慢《がまん》する心の余裕《よゆう》だって生まれます。


でも、子どもたちは学校や教室が生活の中心を占《し》めていて、基本的にそこから逃げたり、やめたりすることができないんです。いじめで苦しんでいる子どもたちにとっては、常にいまこの一瞬が戦《たたか》いなんです。

悩みも心のかたちもひとりひとりみんな違うから、いまいじめで苦しんでいる子どもたちにどんな言葉をかけたらいいかはとても難《むずか》しいことです。先生、そして大人は、子どもたちが助けを必要としたなら、加害者《かがいしゃ》ではなく被害者《ひがいしゃ》の子の心の声を守《まも》ってほしい。

今日一日をサバイブする

二〇一一年の「大津《おおつ》中二いじめ自殺事件」では、当時十三歳だった中学二年の男の子が、いじめを苦《く》にして自殺しました。当初《とうしょ》、加害者《かがいしゃ》の生徒たちは「いじめではなくゲーム感覚の遊びだった」と語り、学校や教育委員会《きょういくいいんかい》も「いじめと自殺の因果関係《いんがかんけい》」を認《みと》めませんでした。大津地方裁判所《ちほうさいばんしょ》でようやく因果関係が認定《にんてい》されたのは、事件から八年が経った二〇一九年二月のことです。ほんとうに許《ゆる》せない事件だけれど、その後もいじめを苦にした自殺は後《あと》を絶《た》ちません。いじめで命を奪《うば》われるなんて絶対にあってはならないことです。

加害者の特定《とくてい》が難《むずか》しいこと、十三歳未満《みまん》は罪《つみ》に問えないことから、いじめの加害者は一切責任を問われることなく、何事もなかったかのように生きていくケースがほとんどです。言葉による中傷《ちゅうしょう》や無視《むし》などは目に見えません。だから、いじめは加害者も被害者《ひがいしゃ》もうやむやになってしまいます。なかには、証拠《しょうこ》が残らないように、巧妙《こうみょう》に追いつめたり嫌《いや》がらせをする人もいるんです。どうしたらいいんだろうなって、本当に思います。

子どもたちにとっては、今日一日、この一瞬が戦《たたか》い。今日この後や明日をどう過《す》ごすか、どう耐《た》えるか。クラスメイトの悪口なんかも聞こえていないふりをするとか。トイレで時間をつぶすとか。保健室に行くとか。わたしも、ありとあらゆることを試《ため》していましたが、毎日が本当につらかった。誰にも言えない痛《いた》みや苦しみを抱《かか》えている子が、いまもたくさんいると思います。

「死にたい衝動」とどう向き合うか

一年のなかで、十代の自殺件数を日別に調べると、圧倒的《あっとうてき》に九月一日が多いといいます。そして、自殺の原因《げんいん》でいちばん多いのは学校問題だそうです。

いじめ そして
それを苦にして
命を断つ自殺
その後の調査で
いじめと自殺の
因果関係を「不明」と
してしまう例が
多くあるという
「自死の原因は、
いじめ以外にもあった」
と結論付けられ、
いじめが自殺の原因と
することを避けようと
する大人がいる
「遊びのつもりだった」と
言い逃れる加害者を
守る大人がいる
先生たちへ
いじめがないと
思わないでください
悩み苦しむ子の
心の叫びを
聞いてください
いじめは
人を自殺に追いこむ
恐ろしい行為なのだと
わかっていてほしい

新学期《しんがっき》のはじまりの日、九月一日。

学校に行かなくてもよかった、夏休みが終わってしまうとき。

学校に行かなくてはならない。だったらもう、死んでしまおう。

そんなふうに死を選んでしまうほど追いつめられてしまう十代の尊《とうと》い心と命。

十代の、思春期《ししゅんき》の心の振《ふ》れ幅《はば》は自分では抑《おさ》えきれないもので、振り返るとわたしも十三歳から十八歳くらいまで、傷つきやすい心で毎日戦っていたように思います。


楽しいことにのめり込《こ》めるパワーも大人の何十倍もあるけれど、一旦《いったん》心にキズがつくと、ヒビがどんどん深く入っていきやすくもなる。

学校で言われて傷ついたことを、何度も思い出しては、

「どうせなにをやっても失敗《しっぱい》するんだ」

「わたしは人に嫌《きら》われる星の下に生まれたんだ」

そんなふうに考えるクセがついてしまったり。

「もう死んでしまいたい、消えてしまいたい」という衝動《しょうどう》に襲《おそ》われた夜もありました。

「もうヤダ。人生なんてどうでもいい」

「なんでわたしがあんなこと言われなきゃいけないんだ、許せない」

人には言えないけれど、心の中のぐるぐるネガティブなループ。


電車のホームに行くたびに、「いまここから線路に飛び込んだら死ねるのかな。全部終わりにできるのかな」なんて考えがよぎったり、「でも飛び込みは遺族《いぞく》が莫大《ばくだい》なお金を支払《しはら》わなきゃいけないって聞いたことがある……」ということを思い出したり、でもほんとうに飛び込む勇気もない。

十七歳のころ、「もういやだ!」「もう死ぬ」というスイッチが入ってしまったことがありました。そのときは、いじめられた記憶のフラッシュバックに加《くわ》えて、ほかにもいろいろ嫌なことが重なって、死ぬこと以外を考えられない状態になっていたのだと思います。

ついに衝動的《しょうどうてき》にリストカットをしてしまいました。少しずつ何度も深く手首を包丁《ほうちょう》で切りつけて、血が流れてくる。

その最中《さいちゅう》に母が、たまたま階段を降りてきました。無心《むしん》に手首を切りつけていたわたしを見つけると、あわてて駆《か》け寄ってきて手首を押さえて血を止めてくれました。

母は、いつも強く明るく、悩むことがあっても決してわたしには見せない人です。

泣いているのを見たのは、父が亡くなった夜と葬儀《そうぎ》の時だけ。ずっと働き続けていた母は、絶対泣かないし私には弱さを見せない強い人でした。

その母が涙を流しながら、わたしを叱《しか》ったんです。

「バカ！　なんでこんなことするのよ！」

あのときの母を忘れられません。

13歳くらいから18歳くらいまでの心って自分でどうすることもできないくらい脆い
ドク
ドク
どうせなにをやっても失敗したり人に嫌われる星の下に生まれたんだ!!って
頭の中がゴォーってなって
電車のホームに行くたびためらって
飛びこみは遺族が莫大なお金を払うことになるって聞いたし…
でもある時真っ白になってもういい!!もうやだ死ぬ。死ぬ。ってそれしか考えられないスイッチが入ったことがあった
死のう
ガッ
たまたま母が通りかかってやめたり
何やってんの
やめなさい
バカッ
ママは私の前で絶対泣かなかったのに
ネコが甘えにきてやめたり
ぐっ
はっ
ニャー
ゴロゴロ
本当にあのとき死ななくてよかったと今心から思う

でもまたしばらくしてから、死にたい衝動《しょうどう》がもう一度襲《おそ》ってきたことがあります。そのときはドライヤーのコードで首を吊《つ》ろうと、ドアノブにぐるぐる巻きつけ体重をかけたのですが、目の前が白くなりました。

すると、部屋に猫が入ってきて甘《あま》えてきました。

最後に猫を撫《な》でようかな、とわたしはフッと力を緩《ゆる》めて抱き上げました。猫を撫でているうちに、その衝動がおさまったのです。

もしそのまま死んでいたら。

本当にあのときに死なないでよかった、といま心から思います。

そして、死のうとした日から大人になった今までの時間に、たくさんの新しい出会い、夢やよろこび、悩みや別れ、さまざまなことがあるなかで、本当に生きていてよかったと思うことが数え切れないほどあります。

生きていてよかった、

長生きしてたくさん好きなことをしたいなぁ、と思うようになりました。しかしいまも、その時の傷は残っています。

子どもが自ら命を絶《た》つことが、親にとってどれほどつらいことか。死んでしまったら話もできない、挽回《ばんかい》するチャンスもなにもかも、永遠《えいえん》に失ってしまう。

そして残された遺族《いぞく》は、永遠に消えない悲しみを背負《せお》って生きていく。

傷ついた方が覚《おぼ》えていることも、やった側は大したことだとは認識《にんしき》していないことがほとんどです。時の経過とともに、亡《な》くなった人のことも忘れて、人生を楽しんで生きていきます。

たとえいじめ被害者遺族が裁判《さいばん》を起こしても、いじめと認《みと》められなかったり、自殺との因果《いんが》関係《かんけい》がないと判断《はんだん》されて負けてしまうケースは数え切れないほどあったそうです。

死んで楽になる、なんて決してないと思います。

悲しみや苦しみが終わらないのは育ててくれた大切な家族なんです。

十代の繊細《せんさい》な心に「死にたい」という衝動が生まれて、どうしようもなくなったときにどうしたらいいのか。難しいことだし、答えもないし、人それぞれ心の色はちがいます。


なので、わたしからお願いです。


まずは、一回、寝《ね》てください。

苦しい気持ちに向き合うことを、とにかく一日、先延《さきの》ばしにしてみてほしい。

チョコレートを食べてみる。

なにか好きな食べものを食べる。

好きなゲームを起動《きどう》する。

猫を撫《な》でる。ネットでいろんなサイトを見にいく。

十代の繊細な心に
死にたい衝動がきたとき
どうしようもないとき
一旦寝て
チョコたべて
寝て一旦
苦しい悲しい気持ちに
向きあうのを
先延ばしにしよう
生き延びて
とにかく生き延びて
どうか死ぬこと
だけは選ばないで
そこじゃない場所で
あなたを解ってくれる
誰かの優しい言葉に
出会う日が必ず来る
おはよー!
またね
ありがとう
近い時間に必ず
生きてさえいれば
必ず会える

ほんとになんでもいいので、ささやかなことでいいので、いまの衝動から一《いっ》旦《たん》、気持ちを逸《そ》らしてほしい。

それを繰《く》り返して、少しずつ毎日を生き延《の》びてほしい。
ほんの少し、楽しいな、とか、
おいしいな、とか、
これ好きかも、とか、
あのゲームの新作がでるなぁ、とか。
ほんのり心のアンテナが動くなにかを見つけ出すように。
そのうち、少し元気になれる日もきたりします。もちろん理《り》不《ふ》尽《じん》なできごとに落ち込む日もあります。
だけどそれでも、少しずつ、死にたい日を先延《さきの》ばしにしていってください。

どうか死ぬことだけは選ばないでください。

そうしていくうちに、
ああ、楽しみ！
ああ、生きててよかった！
と思うなにかに、出会えるんです。

いまは見えなくても、
会えてよかった。
そんな出会いが待っています。
学校にはなかった、居場所《いばしょ》があります。
あなたに合う居場所が必ずあります。

わたしはあのころ死にたかった自分に、
なんて言葉をかけるか、いつも言葉を探《さが》しています。

だけど、いままでにあったたくさんの

生きててよかった！　うれしい！　は、
あのころ、悩んでいた時間に見つけた、
好きなことのおかげで、それが未来を動かして夢を叶《かな》えてくれました。

歌ったり、ゲームをしたり。
絵を描いたり、ネットを見たり。

つらいことから心を守るために毎日していたことが、
未来の夢の種《たね》まきになっていました。
だから、どうか死なないで、
好きなことに夢中になれる時間を大切にして。

学校以外の時間はすべて自分の時間。
心を、命を、守るために、
好きなことをたくさん見つけてほしい。

いつか、ああ、それでよかったんだ、
と思える未来に大人のわたしが責任を持ちます。
大丈夫、
と、わたしは言いたいです。あの頃の自分にも。

心の傷は一生消えない

卒業したら、学校の外の世界を生きていくことになります。学校以外の場所で、さまざまな人に会う機会《きかい》や出来事に遭遇《そうぐう》します。

思春期《ししゅんき》を抜《ぬ》け、大人になると少しずつ、心の切り替《か》え方法を見つけられるようになりだします。人間関係で悩んでも、自分でその人とは仕事以外の時間には会わないようにしたり、連絡をとらないようにしたり、こじれないようにうまくフェードアウトするとか、大事な人との時間を大切にしたり。うまいこと自分をコントロールできるようになります。

学校では、必ず毎日会わなきゃならないからできなかったことです。

少しずつ、いじめの悩みから違うことにも心を向けらるようになれたと思っていたころの、二十歳《はたち》の成人式《せいじん》の時の話です。

知り合いと、せっかくだから成人記念に、わたしが通った幼稚園から中学までたどってみよう、ということになりました。自分のルーツをたどるショートトリップです。

「この道通って幼稚園に行ってたな。懐《なつ》かしいな」とか、「小学校楽しかったな。ちょっと木が切られちゃって変わった」とか、当時の通学路《つうがくろ》を歩きながら、小さいころに目にしていた景色《けしき》より道がせまく感じることにしみじみして思い出をたどっていきました。幼稚園、小学校と来て、次は中学校——。

時間軸《じく》としては、中学がいちばん最近のはずなのに、なぜかどうしても中学にたどりつけない。学校までのルートが思い出せないんです。ほんの五年くらい前に、毎日、徒歩《とほ》で通《かよ》っていたにもかかわらず、通学路が思い出せないなんて。

自分でも気づかないうちに、いじめで悩んでいた時期の通学の記憶《きおく》に蓋《ふた》をしてしまっている。それには我《われ》ながら驚《おどろ》きました。

二十代になって、もういじめとは関係のない環境《かんきょう》になっても、いじめられた経験がフラッシュバックして思い出してしまうことがあったのは、どこかでやっぱり相手を許《ゆる》せていなかった部分があったのかもしれません。だけど、それが反動《はんどう》にもなって、仕事や人生に楽しいことを見つけてやる！幸せになってやる！　とがむしゃらになれた部分があったのも確《たし》かだと思います。

絵を描いても、歌っても、何をしても否定《ひてい》されることはない。だったら楽しんでやる！　あのころつらかった時間を無駄《むだ》にしたくない！　と思う気持ちが未来を動かしていったことも確かです。

いじめを連鎖させないためにできること

いじめているグループのなかにも、微妙《びみょう》な上下関係があります。あきらかないじめっ子、すなわちボスタイプもいれば、本当はいじめに加《くわ》わるのは嫌《いや》だけど、いじめるほうのグループにいないと次は自分がいじめられるかもしれないから、仕方なく加担《かたん》している子もいると思います。いじめがあることを知りながら、見て見ないふりをしている子もいると思います。

うまく場《ば》の空気を読みとって、浮《う》かないようにしなきゃいけない。たった一言が命取りになりかねないので、会話にも気を使います。SNSだと、直接のコミュニケーションじゃないから、子どもたちは言葉づかいにもより神経《しんけい》をとがらせています。ちはるさんの「いじめられないキャラ」の話からは、子どもたちが本当に心を擦《す》り減《へ》らしているんだなと感じました。

あるグループにいじめられている子が、別の子をいじめるということもあります。いじめられるいら立ちやストレスを別のいじめで解消《かいしょう》するのです。一つのいじめが、また別のいじめにつながってしまう。いわゆる「いじめスパイラル」です。どんなに自分が受けた傷《きず》や痛みがつらくても、それをほかの人に向けることで解消するなんて、悲しいし、虚《むな》しいことでしかない。

傷つく人が増《ふ》えていく負《ふ》の連鎖《れんさ》。

悪口は、言ったら必ず返ってきます。それも、何倍何十倍になって返ってくる。内緒《ないしょ》のつもりでいても、本人に必ず届《とど》くから。傷つけたのだから、相応《そうおう》のバチが当たる。これは本当にそう思います。

悪口は人に言わないほうがいいし、書かないほうがいい。言った人が幸せになるとは思えません。いじめは陰口から始まることが多いから、悪口や陰口を「ここで止める」と意志《いし》を持って行動することで、いじめを止められるかもしれない。そのほうが幸せになれる。

いじめを連鎖《れんさ》させないというのは、わたしたちひとりひとりができる小さな抵抗《ていこう》です。

いま、ネット上には、果《は》てしなく悪口が蔓延《まんえん》しています。大人になっても匿名《とくめい》で悪口を書いている人がたくさんいます。大人がこんなことでは、いじめがなくなるわけがない。子どもたちに情《なさ》けない背中を見せているようなものです。

ネットには良い使い方もいくらでもあります。ポジティブな拡散力《かくさんりょく》が誰かの心を癒《いや》すかもしれない。ひとりじゃなかった良かった、の共感《きょうかん》になるかもしれない。

本当に心が動いたことを、あらゆる言葉をさがして褒《ほ》めるゲームのようにつぶやくのは楽しいです！

生産性《せいさんせい》のある、他人を傷つけない使い方でネットを楽しんでほしいです。

「やられて嫌だったことは自分でもやらない」

「悪口は自分のところで止める」

わたしって
弱いんだ
だって本当は
あの子が優しいこと
知ってる
いい所たくさんあるの
知ってる なのに
うーわ出た
まーた更新してるし
痛くない？この顔
キモいーー
え～
インスタ？
みして～
うけるんだけど
完全に頭おかしいよ
あの子の
アカウントだ…
あはは…
ねー…
はらたつ
このカオー
ほんとは
あの子のこと
嫌いなんかじゃない
なのに自分が
嫌われるのが怖くて
合わせてしまう
嫌い嫌いだよ
こんな自分が
でも怖いんだ
はっ

学校内の微妙《びみょう》な人間関係の中では、これは簡単なことではないかもしれません。それでも、相手の立場になって考えられれば、きっとそれが誰かを幸せにできると思います。

いじめているほうが一〇〇パーセント悪い

学校のクラスは、たまたま集《あつ》まった三十人ぐらいの集団《しゅうだん》です。クラスメイト全員とうまくやるのは、すごく大変なことだと思います。

もちろん、みんなと仲よくできる人もいると思いますが、それは才能《さいのう》だと思います。人間だから、合う合わないの相性《あいしょう》があるのは当然《とうぜん》です。

動物も、多数になると強いものが弱いものを攻撃したりしはじめます。

だけど人間には、理性《りせい》と考える力があります。

悪口を言われてない人
なんていないのかもしれない
ひそ ひそ
くすっ
こそ こそ
言ったほうは
深く考えてなかったり
スカッとするためだったり
ひそ ひそ
でも
言われたほうは
ずっと残る
心の中に
言われた言葉が
消せないまま
あの子ってさ
私も 人を
キズつけたことが
ある
はっ
やば…
きこえちゃった
自分もされて
気がついた
どんなに悲しくて
苦しくて 痛いか
うざい 死ね うける ブス
キモい バカ 消えろ
悪口は絶対
本人に届くし
何倍にもなって
自分に返ってくるって
キズつけるより
明るく照らす言葉を
さがしてゆきたい
とり消せないことも
抱えながら

いじめられている側にも問題がある、と言う人がいますが、それは絶対にありえない。いくら相性が悪くても、それはいじめていい理由になんかなりません。

いじめているほうが一〇〇パーセント悪いです。

誰かを攻撃《こうげき》したり、誰かを中傷《ちゅうしょう》したりする資格《しかく》なんて、誰にもありません。

自分を棚《たな》に上げて誰かを攻撃するのは愚《おろ》かで恥《は》ずかしいことです。

わたしは、自分の好きなことに夢中《むちゅう》になる性格なので、みんなに合わせるのが下手《へた》だと自覚《じかく》していました。

みんながてきることがうまくできなかったり、言ってから変なこと言ってしまった！ と思うこともあったり。なんだかじわじわ、浮《う》いてしまう。いつもうまく振《ふ》る舞《ま》えなくて困《こま》っていました。

「なんか変」というのが「個性《こせい》」とはなかなかならないのがスクールカーストです。

「自然《しぜん》に」というのが、実はすごく難《むずか》しい。友だちづくりで一回しくじると、

でもねぇ…いじめられてる方にも問題があると思うし…
とか言う人がいるのが信じられない
ありえない
どんな理由があっても
いじめられた人はゼッタイに悪くない。
理由があってもいじめていい理由になんかならない。
被害者が行けなくなったり転校したりするのっておかしい
お金も心も時間も失う
海外だと いじめた方が転校させられる国もあるそう
加害者の擁護より被害者の安全な暮らしを守ってください
学校と大人の皆さん

リセットはききません。一旦《いったん》「カースト」と「空気」みたいなものができると、それが教室を支配《しはい》してしまうのです。

たまたま寄り集まっただけの数十人が同じ教室で、席順も、先生も決められている。偶然の巡《めぐ》り合わせでそうなっているだけ。そんな中で、攻撃的な人にターゲットにされてしまうなんて、「席順ガチャ」に失敗したようなものだと思います。

広い世界に目を向けたら、学校の外にも共通の趣味を持つ人が必ずいます。どんなマニアックな世界でも、マニアックな世界だからこそ、必ず共感《きょうかん》できる仲間は学校じゃないどこかで生きています。

インターネットの世界には面白い人、不思議な人が、たくさんいますよね。

令和《れいわ》の時代なのに、いまも、「ネットはよくないものです!」と切り捨てる先生がいるといいます。時代とズレてしまっている……。

今も
こんな風に言う
大人がいるそうだ
先生
ネットは
悪いものです！
えーーっ先生そんな
ざっくり全否定しちゃうのか…
もう…令和ですが…
学校の外の世界に
いろんな興味を持つの
ステキだと思い
ます…善悪の
判断は自分で覚えます
今も
こんな言い方
する人がいる
アニメとか
好きな奴
まじキモい
えええーーーっ
この10年くらいのネットの
発達でアニメや
サブカルのワードも
毎日トレンド1位
とかになるし
国民総ライト
オタク時代になったよ
…ね…
学校の外では
色んな人が
色んな生き方
しているよ
みんな違って
みんな良いって
なればいいな

「助けて」と声をあげてほしい

「傷つけた側」が守られて、「傷ついた側」「いじめられた側」が泣《な》き寝入《ねい》りする、そんなことがあっては絶対にいけないと思います。

いじめられた証拠《しょうこ》の写真を撮《と》っておいたり、悪口や陰口を録音するのも身を守る手段《しゅだん》としてわたしはありだと思います。ただし、あくまでも感情的ではなく理性的に行うべきだと思います。

自分が傷を受けたと感じたら、黙って泣き寝入りするのではなく、証拠を集め、「話を聞いてくれる大人」に届けてほしい。

泣き寝入りしてしまうと、いじめがなかったことにされてしまいます。

わたし自身は恥ずかしさや不信感から、先生や親に打ち明けたり、頼《たよ》ったりすることができませんでした。

だけど、まともな大人、話を聞いてくれる大人、ちゃんとした先生、もいる場所にはいるのです。

いじめられたほうが苦しむだけなんて、あってはいけないことです。

また、家族や友人、先生に話すことができない人は、電話やSNSなど匿名《とくめい》で相談《そうだん》を受け付けてくれる窓口もあります。学校の人間関係で悩んでいる子は、とにかく勇気のスイッチを入れて、誰かに相談してほしいです。掲示板《けいじばん》でも、カウンセリングでもなんでもいい。「助けて」と声をあげる場所は、ちゃんとあるのです。

学校以外の居場所は必ずある

わたしは、いじめの被害者《ひがいしゃ》が学校に行けなくなったり、転校しなくてはならなくなることに納得《なっとく》がいきません。

転校はお金も時間もかかります。それをいじめられた側に押しつけるのは、どう考えてもおかしい。海外では、いじめた側の児童《じどう》が転校させられる国もあるといいます。それが正常なのではないかと思ってしまいます。

いま現在、小中学校で起きているいじめは、一年間で四十一万件。また、いじめによって学校に行けない子どもも、たくさんいます。(文部科学省二〇一七年度「児童生徒の問題行動・不登校等生徒指導上の諸課題」より)いじめの事件がこれだけ報道《ほうどう》されても、いじめはなくならないのです。

いじめは子どもを自殺にまで追い込む恐ろしい行為《こうい》だということを、いじめている人、見ている人、大人ももっと深刻《しんこく》に受け止めてほしい。

先生方にお願いします。どうか「いじめがない」と思わないでください。悩む子どもたちの心の声に耳を傾《かたむ》けてください。

これまでわたしは、学校は勉強だけではなく、社会性やコミュニケーション

たまたま数十人集まったら合う、合わない、それは仕方ない
全ての人に好かれる人なんていない
バカ
死ね
だけど
だれかをいじめる資格がある人なんか本当はいない
された方は、言われた方は心のキズがずっと残る
くすくす
くすくす
物理的ないじめだけじゃない
陰口、悪口、無視
されたら嫌なことを人にされ続けたら積み重なると学校の休み時間が地獄になるんだ
いじめられた方が学校に行けなくなったり転校しなきゃならないのっておかしい
お金も時間もかかること
被害者が泣き寝入りにならないためにはまわりや大人はどうするべきか

を身につける場として、できるだけ行ったほうがいいと思ってきました。

でも、今回、当事者《とうじしゃ》の声や専門家の話を聞いて、死にたくなるくらいなら学校には行かなくていい、と考えるようになりました。


なぜなら、学校以外にもいろいろな選択肢《せんたくし》があるからです。


通信制の学校に通うこともできます。

わたしが通った通信制の高校では、スクーリングとレポート提出、試験がありましたが、それ以外の時間をどのように使うかは個人の自由。

さまざまな人に対応する環境《かんきょう》で、大学進学《しんがく》を目指《めざ》すこともできます。行きたいと思えば学校に通うこともできて、先生や友だちとリアルな交流もできます。

そこには、いじめや不登校になっていた子からヤンキー、芸能人まで、とにかくさまざまな人がいました。

締《し》めつけがなくなり、自分のペースで通えるようになったためか、中学でスクールカーストがあったときには考えられないような、風通しのよさを感じました。

絵を描いていると、わたしとはまったく違うキャラのギャルの子が話しかけてきて、「絵うまいじゃん！」と褒《ほ》めてくれたのです。それがきっかけで、一緒にカラオケに行ったり、自分が好きだったCDを貸したりする仲になりました。

いままでならお互い絶対違うグループにいたはずだけど、この学校なら階層《かいそう》なんて関係なく楽しく話せるのか！　と新鮮《しんせん》な驚《おどろ》きがありました。

この世にはいろいろな個性をもった人がいる、と知るきっかけにもなりました。わたしにはとても合ったスタイルでした。

フリースクールという選択肢《せんたくし》もあります。それぞれの教育方針に基《もと》づき、独自のメソッドで学びの場を提供しています。地元の学校には行けない、集団生活が怖い、自宅に引きこもるのも苦しい、というときは、学校や自宅以外の居場所の選択肢としてフリースクールを見学してみるのもいいかもしれません。

「不登校新聞」編集長の石井さんも、フリースクールに行ってから、自らの道を切り開いて、やりたいことを見つけていった方のひとりです。（フリースクールは正規の学校ではありません。ただし、フリースクールが高校の通信制コースを併設していたり、フリースクールに通いながら高卒程度認定試験に合格する道もあります。）

もちろん、通信制の学校やフリースクールは公立学校より授業料が高かったり、通学に時間がかかったりするかもしれません。

進学はどうなるんだろう？　とか、環境を変えたからって、いまの状況は変わらないのでは？　とか、不安は尽《つ》きないものです。

だけど、いじめから脱出《だっしゅつ》するのになにがきっかけになるかわかりません。なにかを始めるのに早すぎる、遅《おそ》すぎる、はないと思います。

そこから猛勉強《もうべんきょう》して大学に行った人もたくさんいます。就職《しゅうしょく》して好きな仕事をしている人もたくさんいます。

生きがいを見つける瞬間の種《たね》は、タイミングは、人それぞれ。逃げるのではなく、合う道を選択《せんたく》するのです。

死にたくなるくらいなら行かなくていい
死ぬことが頭を占めるくらい悩んでまで行かなきゃならない場所なんかない
中2 理科
学校以外にも学べる場所はいろいろある！
☆フリースクール
・学校・自宅以外の場所で学ぶ時間をつくれる
・居場所になるかも
・フリースクールからの進学もめざしてゆける
☆通信制高校
・自分のペースで勉強できる
・スクーリングとレポート提出、試験以外の時間は、個人の自由
・さまざまな人に対応する環境
・大学進学もめざせる
私 中川翔子も通信制高校でした 自分のペースで通えて自分にとても合ってました
いきたい時にいく!!
それは逃げることじゃない
一度しかない人生の自分にとっての正しい道を選択する、ということ

命より尊《とうと》いものはないはずだから。学校以外にも学ぶ選択肢や居場所は、必ずあります。

学校が変わることで道は開ける

「不登校新聞」の石井編集長は「意味のない校則《こうそく》が子どもたちを締《し》めつけて、それが子どもたちのストレスを生んでいる。自由度の高い学校ほど、いじめも少ない」と話していました。

いじめのない自由な学校。わたしならどんな学校をイメージするでしょうか。

たとえば……。

教室の座《ざ》席《せき》を自由に選ぶことができたらいいですね。一学期はずっと同じ座席という常識《じょうしき》を取り外して、毎日違う座席に座るというのもありです。大学のようなスタイルです。マイペースにひとりで座りたい人もいるし。

お弁当も一人で食べやすい学食やカフェテリアをデザインするというのはどうでしょう。ラーメン店やカフェでも最近おひとり様席がたくさんあるように、一人でランチをとりたい子どもだっているはずです。

それが変、と思うほうが変。というふうに、自然な状態になればいい。

また、大学や通信制の学校みたいに、時間割を自由に組み合わせることができたら、やる気もわきます。学習指導要領《がくしゅうしどうようりょう》の範囲内《はんいない》で、児童や生徒により学びの自由度を増やせば、学校がより楽しい場所になるのではないでしょうか。大学に近いカリキュラムや学校づくり、ということになるのかもしれません。小学校から全部取り入れるのは難しいのかもしれませんが、なにか一つでも変えられることはあるんじゃないかと思います。

校則や学校生活のルールにも、いろいろな細《こま》かい縛《しば》りがあると聞きます。

「無言清掃《むごんせいそう》」は、心を落ち着けて無言で清掃すること。公立の中学校などで広く実施されているそうです。清掃の時間、ちょっとでもおしゃべりをすると先生に注意されるって、とても窮屈《きゅうくつ》そう……。

「無言給食《むごんきゅうしょく》」はその給食版。私語《しご》を慎《つつし》んで、もくもくと給食を食べるんだそうです。ほかにも靴下や下着は白のみとか、ベルトは黒のみとか。防寒着《ぼうかんぎ》としてのセーターはOKだけどカーディガンはNGとか。謎《なぞ》な校則が多すぎます。

学校という閉鎖《へいさ》された空間だからまかり通っていた「常識《じょうしき》」は、長らく変わらなかったけど、時代とズレてきています。


最近、公立の中学校で、教員のクラス担任制《たんにんせい》を見直し、宿題やテストを廃止《はいし》した学校改革《かいかく》を行って、成果を挙《あ》げている学校があると聞きました。文部科学省《もんぶかがくしょう》の学習指導要領の範囲内でも、そこまで改革ができるのかと話題になっているそうです。きっと学校は変われる。学校が変わることで、いじめを減らす道も開けるはずです。

教室の座席は自由に選べたりできたらいいな
または大学や通信制高校みたいに時間割を好きなように自由に組めたり
お弁当も1人で食べやすいように
限られた人数の集団で閉鎖された世界じゃない場所で大切な時間を過ごせたらいいね

わたしの未来を見つけてくれた先生の話

今回いじめの問題に向き合う中で、大人の役割《やくわり》の大きさにあらためて気づかされました。

ちはるさんの「いじめはなくせないけど、いじめ自殺はなくせるかもしれない」「いじめが起きた後のケアや教育が重要」という言葉に、はっとさせられました。

それで思い出したのは、小学校五、六年生のときの担任《たんにん》の先生です。

わたしは地元の公立小学校に通っていました。担任の先生は女性で、当時三十代後半くらいだったと思います。ベテランの先生でしたが、キャラが強くて、「褒《ほ》めて伸《の》ばす」のと叱《しか》り方のバランスが絶妙《ぜつみょう》。

生徒からもすごく慕《した》われて、休み時間や放課後は、いつも先生の机をみんなで囲んでワイワイおしゃべりしていました。いま思えば、休み時間も職員室《しょくいんしつ》ではなく教室にずっといてくれたのかもしれません。

その先生は、マイルールでガンガン規則《きそく》を変えていくタイプでした。学校といえば、でイメージする「当たり前」を変えてみる。

机の並べ方も工夫《くふう》していました。普通の縦並《たてなら》びじゃなくて、コの字型にして、先生が真ん中に座って、お互いの顔が見える状態で授業をする。授業中に、みんなの背中じゃなくて、表情がお互いに見えるのです。最初は驚きましたが、すぐに慣れて授業が新鮮《しんせん》に感じました。

クラス全員が手を挙《あ》げて発言《はつげん》するための仕組《しく》みも「ゲーム」のようにする工夫をしていました。野球の点数みたいなものを書く紙が配《くば》られて、表のようになっています。手を挙げたらヒット、正解したらホームラン。

それを「正《せい》の字」で書いていくのです。なにがもらえるとかではないけれど、不思議《ふしぎ》なことに、わからなくてもポイントを貯《た》めたいからとりあえず発言してみよう、手を挙げてみようとなって、ちょっと引っ込み思案《じあん》な子も、みんな率先《そっせん》して手を挙げるようになりました。

学校に行くのが怖《こわ》いというような、いわゆる不登校になりかけた生徒の家にも、いち早く先生が気づいて、みんなに知られることのないように、早めに家庭訪問《かていほうもん》し、本人にそっと寄《よ》り添《そ》って向き合って、話を聞いて、なんとかする。

クラス内でちょっとでももめ事がおきたら、みんなで話し合う。

先生がとてもいいバランスでクラスの生徒をしっかり見て、いじめ、不登校を未然《みぜん》に防《ふせ》いでいたんだと思います。

だから、クラスの中の風通《かぜとお》しもよかった。隣《となり》のクラスは半分学級崩壊《がっきゅうほうかい》していたので、「自分はこのクラスでこの先生で、よかったな」と思ったものです。

わたしは小学校のころは、大勢《おおぜい》の前で話すのがすごく苦手でした。卒業文集の「シャイな人ランキング」で堂々《どうどう》の一位を取ってしまうくらいで、先生に指《さ》されると答えるときに耳まで真《ま》っ赤《か》になってしまう。

運動も超苦手でした。足が遅い！　体操《たいそう》も球技も走るのも超無理！　勉強も、音楽と国語、図工以外は苦手ばかりで、パッとしません。

でも、絵を描いているときはワクワク楽しかったのです。休み時間に自由帳《ちょう》に漫画を連載《れんさい》したり、友だちと絵を描いている時間は楽しみでした。

そのあたりのこともたぶん先生は見抜《みぬ》いていて、運動会のしおりや文集など、絵を描くようなシーンでは、「これは中川が得意《とくい》だから任《まか》せるわよ」と言ってくれました。

「先生が任せてくれた」「自分は絵をがんばるぞ」そう思えることがすごく幸《しあわ》せでした。これだったらわたしも楽しく輝《かがや》ける、と思わせてくれました。

わたしだけじゃありません。先生はそれぞれの生徒の得意《とくい》なことや好きなことをしっかり見ていて、ガンガン行ける子にはやらせてあげるし、自信のない子にはそっと手を差《さ》しのべる。生徒の興味《きょうみ》や関心《かんしん》をすごくよく見極《みきわ》めて、それぞれのキャラクターを生《い》かしてくれました。いま振り返ると、それってすごくクリエイティブ。

最近テレビ番組がきっかけで、当時の同窓会《どうそうかい》をすることができました。小学五、六年はわたしの学校生活で一番楽しかった時期で、わたしにとって宝物《たからもの》だった時間です。

先生はわたしたちのクラスのことをちゃんと覚《おぼ》えてくれていました。たくさんの子どもたちの成長を見守り、校長先生をつとめたのち定年退職《ていねんたいしょく》されて、現在はボランティアで子どもたちに教えているそうです。

先生には数え切れないほどの教え子がいます。生徒にとってはたったひとりの先生でも、先生は何百何千人の生徒を教えてきたはずです。

それなのに、なんと先生は、当時わたしが描いた学校のしおりを大事に保管《ほかん》していて、それを持って来てくださったのです。

「いつも漫画っぽい絵を描いていた中川さんが、美術展《びじゅってん》のしおりの表紙をまかせたときに、初めてアニメチックじゃない絵を描いたから覚えていたの」と言ってくださったのがすごくうれしくて。その先生のおかげで、「わたしはこれが好き。これが得意なのかも」と、未来の夢の種《たね》を見つけることができました。

現実にいまも、この本を作ることになったときに真《ま》っ先《さき》に、漫画を描いて表現したい！　と思いました。先生の言葉が、実際に役に立っています。

深く感謝しています。

自分が好きなことを見つける楽しさに出会えたのは、この先生のおかげなんです。先生や大人の言葉は、とても心に焼きつきます。

先生によって、子どもたちの可能性も未来も大きくふくらみます。

インターネットとSNS教育

わたしが十代だったときといま。いじめの当事者《とうじしゃ》の話を聞いて、いちばん大きく違うと思ったのは、インターネットやSNSによるいじめがあることです。以前は悪口も無視も教室の中で直接、あからさまに行われていました。

でもLINEやツイッターによるいじめは違います。LINEグループで、ある子が発言すると一斉《いっせい》に始まる無視。LINEグループからハブられる。クラスのLINEグループで、誰のことかあきらかにわかるように、その子も見ているのに、名前を出さずに悪口で盛り上がる。裏《うら》アカウントをつくり、匿名《とくめい》で悪口を書き連《つら》ねる。

最近もニュースで報道されて問題になっていましたが、いじめながら動画を撮《と》り、それをツイッターにのせる。それが拡散されてしまう。

私が不登校になった頃と
今の時代との変化は
さまざま
LINE インスタ
ツイッター等を使った
SNSいじめがあること
ツイート
クッソキモいので
無視してやった笑笑
生きてる価値なし
キモすぎ
くさかったし
もーやばい
ムリなんだが
あいつハブろ?
キモいしwww
リアルでだけじゃなく
SNSで陰口を言われたり
すぐ既読して返信
しないと他のグループで
悪口を書かれたり
LINE
168
グループラインで
いじめ対象の子が何か
書いても無視、
2年A組(28)
今日まじうけた
頭おかしいのおる
ハリきってて
超からまわり
わかるーw
いじめ対象の子も居るグループで
わざと名指しせず、
あきらかにその子とわかる
悪口を書いたり
また、SNS上
(公開/非公開に限らず)
で自分の会話内容や
写真がさらされて
「炎上」させられるという
ものもあるという
晒しまーす
SNS登場以降
いじめ情報拡散も早く
裏切られる事の恐怖で
強い緊張感を持つ子が多い
キモい
死ね
消えて
うざい
24時間息がつまる
逃げ場がない

「デジタルタトゥー」という言葉があります。

一度ネットにあげられたものは、どんなにあとから消そうが絶対に完全に消えることなく、残り続けてしまいます。

こんなことが犯罪《はんざい》にならないのはおかしいと思えるほどに、どれも残酷《ざんこく》です。

学校が終わって帰宅しても、学校がない休日も、LINEいじめは終わることがありません。二四時間三六五日続くわけです。一日中、ああ、またなにか言われていたらどうしよう、自分が知らない場所で、悪口を書かれていたらどうしようと考えてしまう。

絶望的です。すごくすごくつらいと思います。

インターネットやSNSに関するマナーと危険性《きけんせい》を、学校で先生が丁寧《ていねい》に教えてもいいと思います。

「悪いもの」「危険なもの」と決めつけるのではなく、間違って使うと人を傷つけたり、自分自身を傷つけたりすることもあるということを、しっかり教育しないと大変なことになってしまう。

そのうえで、便利で、良い使い方もたくさんあることを、ちゃんと子どもたちに教えてほしい。正しい使い方をして、楽しいニュースや素敵な話題が拡散されることで、誰かの心が救われることだってあるのだから。

第四章

未来の種を見つける「さなぎの時間」

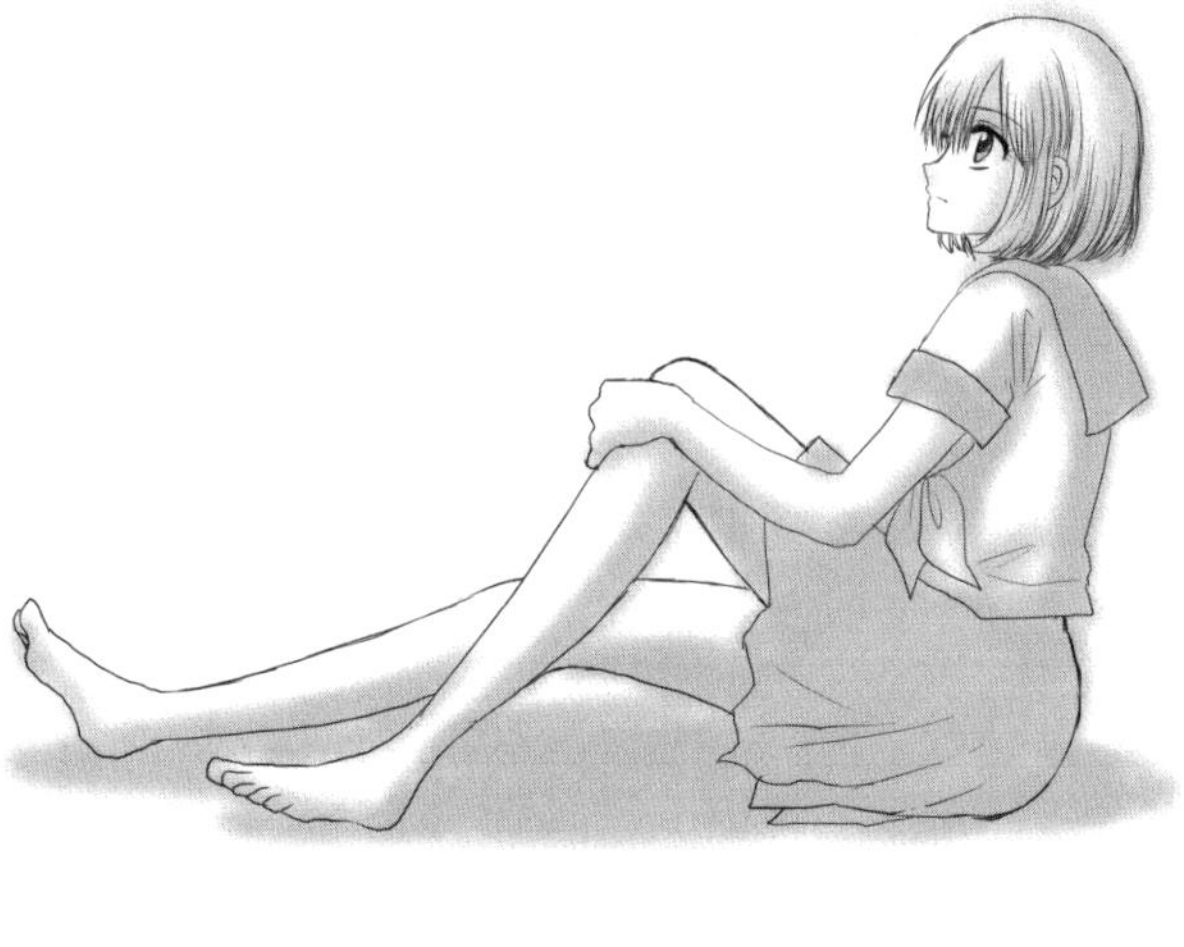

「明るい遺書」が人生の転機に

高校に進学してからは、「こんなふうにずっと落ち込んだり、悩んでばかりしているのは嫌《いや》だ！」と思うようになりました。さまざまな映画や特撮《とくさつ》、歌やアイドルに憧《あこが》れていくうちに、自信はなかったけれど、自分に元気をくれた、憧《あこが》れを抱《いだ》いていた芸能界《げいのうかい》にとあるきっかけから足を踏み入れることになりました。

ミスマガジンというオーディションに応募《おうぼ》して、最終的《さいしゅうてき》に「ミス週刊少年マガジン」になることができ、憧れていたグラビアのお仕事に挑戦《ちょうせん》することになりました。

そして、芸能事務所に所属《しょぞく》して、お仕事を始めました。

しかし、なにごともそんなにうまくいくものじゃありません。仕事もなく、どんどん自信のないネガティブな自分が育《そだ》ってしまい、オーディションにも落ち続ける。

所属して一年で、その事務所をやめることになってしまいました。

「やっぱり！　わたしなんかなにをやっても駄目《だめ》なんだ」

「夢を持ったり、なにかやりたいって思うと、むしろそれが駄目になっていくんだ。神さまがわざわざわたしを狙《ねら》いうちにして意地悪《いじわる》ばかりする。ほらやっぱりね」

と、ものごとを悪いほう、悪いほうに考えて、どんどん自分を追い込む癖《くせ》がついていました。十八歳ぐらいのときにも、もうなにもかも嫌になって消えたい、いつでももうやめるから、もうどうでもいいんだわたしなんか……と、薄《うす》ぼんやり暮《く》らしていました。

ちょうどそのころに思いついたのが、「ブログ」を始めることでした。

わたしはもともとインターネットが大好きで、十三歳の頃に祖母《そぼ》に買ってもらったパソコンで、夜通《よどお》し好きなことを調べる時間が好きでした。

最初の事務所をクビになったあとに所属《しょぞく》したのが今の事務所で、当時のマネージャーさんに、「携帯《けいたい》の写真で日記をやりたいんですけど」とお願いをしたら、「いいよ」という返事が返ってきました。まだ「ブログ」という言葉自体が浸透《しんとう》していないころのことです。

どうせ事務所でもまたクビ候補《こうほ》だし、誰《だれ》も見てくれる人なんかいないんだから、最後のつもりで、と開き直って、明るい遺書《いしょ》のようなページにしようと思いました。

中学の時の卒業文集《そつぎょうぶんしゅう》は、ボスグループが作ったから、わたしの写真がまったく載《の》っていなかったんです。わたしが死んだときに、誰もわたしのことを覚えてないのはイヤだ！　せめてこの世界の片隅《かたすみ》に、自分の足跡《そくせき》を残《のこ》しておこう！　そう思ったんです。

具体的《ぐたいてき》になにを書こうかと考えて、まず思い浮《う》かんだのは、嫌な思い出やつらいこと、愚痴《ぐち》なんかです。でも、書きかけてからぐっと踏《ふ》みとどまりました。なぜなら、書こうとしているときにまず嫌な思い出がよみがえってくる。読み返したときにもう一回、嫌な思い出を反復《はんぷく》することになる。もし万が一、他の人が見たら「うわ、中川翔子って人、暗い」って嫌な思いをするかもしれない。
それでは何段階《なんだんかい》にもわたって、「嫌な記憶《きおく》」が増幅《ぞうふく》されてしまうから、愚痴を書くのはやめにして、今度は「明るい遺書」にしようと気持ちを切り替《か》えました。人に言えなかった楽しいことだけを書いていこうと思い直《なお》したんです。

そこからは好きな漫画やアニメのこと、大好きな猫のこと、ゲームのこと、メイクのこと、尊敬《そんけい》するジャッキー・チェンのことなんかを、次々と書き始《はじ》めました。
学校では絶対に見せられないような、わたしの好きな世界を。もう思いっきり放出《ほうしゅつ》しました。失《うしな》うものなんてもうないから。

当時は、芸能界でも、アニメや漫画、ゲームが好きと公言《こうげん》できる雰囲気ではありませんでした。趣味は映画鑑賞《かんしょう》、お菓子作り、読書というのが長らく守られてきた、正しいアイドル像《ぞう》でした。

だけど、一回書き始めるともう止まらない。誰にも言えなかったような気持ちも、口で言うより早く指で文字を打ち込み、夜中でもガンガン更新《こうしん》する。すると、学校では出会わなかったような、さまざまな人たちから、わたしも好きです！　わかるわかる！　いいよね！　と、共感《きょうかん》の声が届《とど》くようになりました。

どうせ誰も見ていないだろう、と開き直ったつもりでも、心のどこかでは、「どうか誰かに見てほしい」「わたしはここで生きてるよ」と思ってもいて、その願いが言葉に宿《やど》って根を伸ばして花を咲かせ始めました。

「ああ、わたしは生きてここにいてもいいんだ」と、心の氷《こおり》が溶《と》け始めました。自分の居場所《いばしょ》をようやく見つけられたような気がしました。

「これが好きでした」「これが最高でした」って書いていると、数をたくさん更新《こうしん》することにハマりだします。毎日数十回も更新していくうちに、自分が書いている楽しい言葉に気持ちが引《ひ》っ張《ぱ》られていきます。

好き好きって、ずっと唱《とな》えていると、だんだんテンションも高くなって。やっと人生が明るくなりだしたというか、自分を見直すきっかけになったんです。

「そういえばこれも好きだった」「この懐《なつ》かしい思い出も残しておきたい」――せっかくだから、メイクがんばろう、写真残そう、せっかくだからコスプレもしちゃおう……。

どうせ書き残すなら脳《のう》みそにあるいろんな大好きを掘《ほ》り起《お》こしたい。

「小さいころこれが幸《しあわ》せだった」とか、思い出して嬉《うれ》しいこともどんどん書いて。

そういう言葉を書くことで自分でも救われて、そこからだんだん自分の夢も明確になり出していきました。

「本当はこれがしたい」という自分の本当の心の声にやっと向き合えるようになったのです。

そのときに夢中で書いたたくさんの好きなことたちが、のちに本当に叶《かな》っていくんです。小さなことから、想像《そうぞう》すらしなかったびっくりするようなことまで、夢がたくさん叶いました。

大好きな憧れのジャッキー・チェンさんにもお仕事で会えたり。

ずっとやりたかった、アニメソングを歌う夢や、絵を描いて表現すること。

ほかにも数え切れないほど、生きていてよかった！　と思える未来につながりました。


言葉には言霊《ことだま》が、宿《やど》ると思います。人との出会いにも、夢の実現にも。

好きをあらわす言葉を思うだけではなく、言ったり書いたりすることが、お灸《きゅう》みたいにじわじわと夢へのエネルギーを放《はな》つのかもしれません。

とくにネットは、時間を問わず言葉が残せます。自分から放《はな》たれた言葉は思いもよらない方向に広がっていったりもします。

言葉にはきっと言霊があるから
大好き
大嫌い
悪口って言ったら自分にトゲがささる、返ってくると思う
ズーン!
嫌い キモい 死ね
ストレスが溜まったとしても悪口を書く裏アカウントは絶対作らないほうがいい
rivate.
書きながら思い書き残すことで不特定多数の人が見て
誰かも自分も傷つく
誤爆
炎上
クズすぎ
終わった
バーカ
気持ち悪
死ね
だったら褒めるためだけのアカウントを作ったほうが
これ!!!!めっちゃかわいい
耳が幸せ…
おもしろかった!
好きの循環で楽しいし嬉しいが返ってくると思う
いいね
自分の心のアンテナが動く「好き」をたくさん見つけよう

いまの時代は、誰でも自由に自分のアカウントをつくり、自分の居場所をつくれます。生きた証《あかし》を残すことができる。

言葉を放《はな》ち、誰かに届けることができます。

ほんとうに、インターネットがある時代でよかったと思います。

この「好きなことブログ」が、わたしにとっては大きな人生の転機《てんき》になりました。

共感できる人は必ずいる

ブログを始めてなによりもよかったのは、共感できる仲間を見つけられたことです。いまはツイッターが大好きです。

実際に会ったことがなくても、好きなことや楽しかったことを誰かと共有できる。

たとえば「ポケモン」という共通項《きょうつうこう》があることで、世代《せだい》を超《こ》えて盛《も》り上がれる。海外に行ったときも、性別も年齢も国籍も超えて、「ポケモンが好き！」という気持ちだけで「わお！」って盛り上がることができるんです。

わたしが子どものころは、ポケモンが好きでやっていたけど、友だちに話しかける勇気が出せなくて、交換《こうかん》できずに進化させられなかったりしました。だけどいまはどんどんインターネットが進化して、知らない人や、海外の人ともポケモンを交換できる。

毎日のようにアニメやゲーム関連の話題が拡散して世界のトレンドになり、いまや大人も子どもも、ゲームやアニメを楽しむことが当たり前になりました。

大人になってからも、ポケモンのおかげでたくさんの夢が叶い、人とのご縁が広がりました。『ポケモンの家あつまる?』というテレビの番組では、あばれる君やヒャダインさん、りんかちゃんと出会えました。りんかちゃんは十代ですが、世代やお仕事が違っても、「ポケモンが好き！」という気持ちでつながれる。

番組以外のときにも、みんなで集まってポケモン脱出ゲームに行ったり、映画鑑賞会をしたり。

青春《せいしゅん》を謳歌《おうか》することができなかったと思っていたわたしの人生だったけど、大人になってからでも心から楽しいと思ったり、爆笑《ばくしょう》しあえたりできる友だちができるのだと！

青春は、十代限定《げんてい》じゃなくて、あとからやってくる場合があるのだと！

わたしは、三十代になってからがいちばん友だちと遊んでいます。やりたいこともまだまだ果《は》てしなく出てきたし。二十代で抱いた夢のつづきがまだまだ見つかります。

ポケモンの映画の主題歌《しゅだいか》を自分が歌って子どもたちに届けているなんて未来を、あの頃のわたしはまったく想像していませんでした。

『ポケモンの家集まる？』では、三つ編《あ》みでセーラー服姿のわたしの写真が繰《く》り返し出てきて、りんかちゃんがわたしのその頃の『光を求めていた頃の姿』としてコスプレしたり！

ついにわたしがその頃の自分のコスプレをしたり！

大人になってから良かったーと思えたこと

ぼっちの時間＝自由！サイコー！ってなる
1人映画サイコ〜
自由な時間は自由に〜
1人旅とかしちゃえる
1人焼肉とかもこわくない！
年齢や職業問わず友人や知り合いができたりするかもしれない
10歳下の友達や
ひとまわり上の友達
色んな人に出会えて色んな人がいるな〜個性さまざまですごいな〜尊敬する！って思えることいっぱい
みんな違っておもしろいっ
正直 大人になっても悪口言う人とかウワサ伝達してくる人とか悪意・おかしな人もいる
ポイッ
ハハッくだらんなー大人なのに
そんなコトよりおいしい焼肉とお寿司さっ
でも時間もったいないのでスルースキルが身につくどーーでもよくなるうまいこと関わらないよう生きることもできるようになっちゃうと思うんです

まーいっか！って心のセーブデータのスロット枠が増えるかんじ

ヒャダインさんも学生時代の自分を、陰《いん》！　ヒャダ、陰！　というふうに開花させて、いまでは子どもたちに幅広く通じる鉄板《てっぱん》ネタになりました。
まさか、黒歴史《くろれきし》と思っていたあの頃すらも、意味があり、こんなふうに未来には笑えるようになるなんて。
ものすごくびっくりしました。

人生には、壮大《そうだい》な結果オーライがある。
まさに、ゲームみたいです。
人生はＲＰＧ、という言葉に強く共感します。
あの頃しんどかったことが
未来に夢を叶えたり
未来に楽しいと思う瞬間のための、フラグ立てだったなんて。

そんなことに気づかせてくれて、長い時間をかけて花を咲かせてくれたポケモンに本当に心から感謝しています。

そのときに気づかなくても、しんどい時間には、必ずなにかしらの意味があって、未来に繋《つな》がっていくことになる。

たとえば、いじめられて悲しい気持ちを知った人にしか見つけられない言葉がある。その言葉が、誰かを救う光になるかもしれない。

「好き」というエネルギーが、人と人とをこんなにも近づけてくれるんだ、つなげてくれるんだ、と知ることができました。

いまもこれからも、新作ソフト情報に最高にワクワクします。

十代のころ見つけた好き、は一生ものだと思います。

いまは共感できる人を見つけるツールがたくさんあります。共感できる人が見つかったら、世界は無限大《むげんだい》に広がります。わたしの場合は「好きなことだけをどんどん発信する」というやり方で、心のチャンネルを切り替えて、より楽しいことに気持ちを向けられるようになりました。

自分の好きをぐんぐん広げて、共感できる人を見つけてほしい。そうしたら、少し息ができるようになると思います。

十代の「暗黒時代」がいまの自分を作った

ある時期《じき》まで、わたしはいじめや人間関係で悩んだ時間を「無駄《むだ》な時間」と感じていました。自分の大切な一分一秒を、人を恨《うら》んだり憎《にく》んだりに使って、まわりをシャットアウトして自分の殻《から》に閉じこもっていただけだったと思っていました。

いじめで悩んだ時間に、あんなこともできた、こんなこともできたと考えると、本当に悔《くや》しい思いでした。だからそれを取り返すためにも、寝る時間を削《けず》ってでも本を読んだり好きなことを吸収《きゅうしゅう》しなくちゃ！　と、極端《きょくたん》な考えになっていました。

でも、二十代後半になってようやく、あの十代の「暗黒《あんこく》時代」がいまの自分を作ったんだと思えるようになりました。

キラキラした青春を謳歌《おうか》しなかった分、本を読んだり、音楽を聴《き》いたり、歌を歌ったり、漫画読んだり絵を描いたり。その全部がいまの自分の役に立った、それでよかったのかもしれないと、やっと思えるようになったんです。

もし、わたしが楽しくて楽しくて仕方ない十代、友だちがいて充実《じゅうじつ》した青春を謳歌していたら、いまの仕事はしていなかったかもしれません。好きなことにのめり込むきっかけも時間もなかったように思います。

結果としてわたしは、たくさんの夢が叶う未来につながってほんとうによかったと思います。モヤモヤな時間にも、いまは「意味があった」と言い切ることができます。

だから、いまいじめで苦しんでいる子どもたちには、「悩む時間は未来の夢の種《たね》を見つけるさなぎの時間」だと思ってほしいんです。これをやっていれば、これを聴いていれば、これを見ていれば、これをしているときは「いじめのつらさ」を考えないでいられるっていう時間を、なるべく増やしてみてほしい。

わたしにとってはそれが、ゲームや漫画、絵を描くこと、音楽を聴くことでした。

あなたにとって、「いじめのつらさをほんのわずかでも、忘れられる時間」はなにをしているときですか。その「自分だけの世界」を少しずつ広げていってください。伸《の》ばしていってください。いじめで苦しむ分の時間、他に目を向け、夢への種を見つける時間、チャージする時間だと考えて、「チャンスタイム」というふうに捉《とら》えてほしいんです。

十代の何でも吸いこめる脳のやわらかい時間は、ゲームでいう、経験値《けいけんち》が倍《ばい》になる元気タイム。一生の、未来を助ける栄養《えいよう》をたくわえる時期!

わたしは大人としてこれからもまだまだ、あのころチャージした好きの気持ちを抱きしめて夢のつづきを歩きたい。

それが、子どもたちに夢の扉《とびら》を歌や言葉でとどけたいという大人になってからの新しい夢につながっていきました。

生きる意味がわからなくなったり、

あの頃の自分は
「私、学校行けてないし
こんなに人に嫌われたり
悪口言われたり
LV15
思い描いてた自分じゃない。
私は間違っている。
私はダメなんだ」
って思っていた
けど、
NO！
オールOK!!
大正解!!
LV34
デリケートな十代は
さなぎの時間
好きなことを吸収して
たくわえるタイム
さなぎ
ゴクゴク
好きなこと
何この絵 キモッ
それを続けてください！
それで大丈夫です！
未来のわたしが何とかします！
って言いたい
私は未来のあなただよっ
えっ!?
誰っ
LV15
学校に行けなくたって、大丈夫。
ちょっと、避難するだけだから。
その、悩んだ時間の何倍も、
「ああ、生きててよかった」って
思える瞬間がある
なんか言ってきている
攻撃してくる人は他人です。
その人たちはどうでもいいです。
1回しかない自分の人生には
関係ないどうでもいい人たちです
ポケモン
それよりも「楽しい」って思える
瞬間を見つけることに集中して
心と時間を使いましょう。
時間は寿命を使っています。
有限なんです。
音楽
メイク
ゲーム
映画
読書

未来に希望がもてなかったり。

そんなときに、大人がちゃんと、幸せに生きる姿を見せていくことも、子どもたちが未来に目を向けるための、きっかけになるのではないかと思います。

「自分が幸せと思える瞬間」を見つける

攻撃《こうげき》してくる人、いじめている人に対してビクビクして、思考や時間を奪《うば》われるのって、ほんとうにくだらないし、もったいないなと思います。

そんな人たちは、あなたの未来になんの関係もない「他人《たにん》」です。

他人の人生だから、本来のあなたの人生とは一切関係ない。あまりのつらさに、仕返《しかえ》しをしたいという気持ちが起こるのもわかります。でも、抵抗《ていこう》の手段《しゅだん》として、仕返しと死を選ぶのだけは、絶対にやめてください。彼らにはあなたが命を落としたところで、なにも響《ひび》かないのです。

もう嫌だ!! もう充分苦しんだ もう悩みつかれた
死んだら楽になるかな
あいつらにずっと後悔が残ればいい
残念ながらそれはない。
たとえば死んでも
奴らは時と共に忘れて笑って生きていく
死んでしまったらもう何も言い返せない
大切な家族が一生苦しみ悲しむだけ
いじめてきた"奴ら"を見返す最高の方法は生き延びた先の未来で自分なりの幸せを見つけること幸せになるために生まれたのだから

その人を恨《うら》んだり、憎《にく》むのにあなたの大切な時間をつぎこむのはもったいない。

だって、人の一生の時間は限《かぎ》られているのだから。

せっかく一回しかない人生、どうでもいい人に大事な十代の貴重《きちょう》なエネルギーを使うより、自分のために使ってみてほしい。「自分が幸せと思える瞬間」を見つけるために。

「自分が自分なりに幸せになること」

そのために将来の選択肢《せんたくし》から自分に最適《さいてき》の道を選び続けることが、つらい時間を切り抜けるために大切なことだと思います。

いじめのサインを見逃さないで

先生や親御《おやご》さん、大人の方へ。

された側が「いやだ」と感じたらいじめだという
だけど少しでも相手をいやな気持ちにさせたことは誰しもあるかもしれない
言葉は難しい知らずに人を傷つけてしまう事があるかもしれない
でも もし自分の子供がいじめられたらって、
自分の子供がいじめる側加害者になっていたらって、
暴力はもちろん犯罪そして言葉のいじめも人の心を殺す罪だと思う

まず自分のクラスはいじめとは関係ない、自分の子どもはいじめとは関係ない、と思わないでください。子どもたちは大人の反応《はんのう》を敏感《びんかん》に感じています。ギリギリまで悩んで我慢《がまん》しています。

大人に相談するのは、本当につらい限界《げんかい》を迎《むか》えた、SOSなんです。

いじめに悩んでいると訴《うった》えられたときに、大人が「そんなの遊びのうち」「しばらくは様子を見よう」と対応《たいおう》を先延《さきの》ばしにすると、子どもは「大人はわかってくれない、本気で取り組んでくれない」と絶望《ぜつぼう》し、殻《から》に閉《と》じこもってしまいます。いじめているほうも、「このくらいまでは大丈夫なんだな」「よし、見つからないように、もっといじめてやろう」といじめが加速《かそく》します。だから、どんな小さな声にも耳を傾《かたむ》けて、真剣《しんけん》に向き合ってあげてください。

そして、どうか子どもたちの「いじめのサイン」を見逃《みのが》さないでください。子どもたちのサインは間接的《かんせつてき》で、言葉や目には見えないものかもしれません。だからこそ、子どもたちが発《はっ》する小さなサインを見つけてほしい。サインは日《にち》常《じょう》の小さな行動に潜《ひそ》んでいます。

□持ち物がなくなる、壊《こわ》れている、汚《よご》れている
□持ち物に落書《らくが》きがある
□学校に行きたがらない
□口数が少なくなる
□腹痛や胃痛など体調不良が多くなる
□仲のよかった友だちと遊ばなくなる
□授業参観《じゅぎょうさんかん》など学校からのお知らせを隠《かく》すようになる
□笑わなくなる
□乱暴な行動や言葉づかいが多くなる

ほかにもたくさん、理由もさまざまだと思います。

いつもとなにか様子が違うとき、それは「いじめのサイン」かもしれません。

わたしも親や先生にいじめを相談することができませんでした。だから、直接「いじめられているの？」と聞いても、子どもは素直《すなお》にいじめを認《みと》めないか

もしれません。

それでも、あなたは愛されている、あなたには圧倒的《あっとうてき》な味方がいる、あなたのことを大切に思っている人がいる、というメッセージを送ることはできます。大人は、傷ついた子どもたちの生きる拠《よ》り所《どころ》となり、力になる存在であってほしいです。

「隣《とな》る人」になる

自分がいじめられているわけではないけれど、教室にいじめがある、友だちがいじめられている、という子もいると思います。いつ自分がいじめのターゲットになるかわからない、そんな緊張《きんちょう》の中で日々学校生活を送っていると考えると、想像《そうぞう》しただけで胸が苦しくなります。

わたしは、いじめられていた中学三年の頃に、心に小さな光を見つけました。

小学校のときの同級生《どうきゅうせい》の木村と、同じクラスで隣《となり》の席になったのです。しかも、窓際《まどぎわ》のいちばん後ろのベストポジション。木村と絵を見せ合ったりゲームの話で笑い合ったり。小学校以来の久々《ひさびさ》でも変わらない空気がちゃんとありました。

クラスの隅《すみ》っこに、やっと居場所《いばしょ》を見つけられた気がしました。

木村とは小三で出会い、クラスは違いましたが『魔法陣《まほうじん》グルグル』という漫画を貸《か》してくれたのがきっかけで、急速に仲よくなりました。二人ともゲームや漫画が好きで、笑いのツボも一緒で、漫画を描いたり、お互いの家をよく行き来したりしていました。

その木村と同じ中学に入ることになって安心していたのですが、わたしとは別のクラスの、違う階層《かいそう》に属《ぞく》することになったのです。

木村はわたしと違って、中学になっても友だちを見つけて楽しそうにやっていました。そんな姿がなんだか眩《まぶ》しく見えました。

クラスが違うからなかなか会わないけど、たまに廊下《ろうか》ですれ違ったりすると、「おーい、ナカショウ！」なんて、気さくに声をかけてくれていました。

でもわたしはすっかり、クラスで「キモい奴《やつ》」に堕《お》ちてしまった。

木村にだけは、わたしが一人ぼっちで寂《さび》しそうに歩いてるところを見られたくない。恥《は》ずかしいし、木村にもやばい奴《やつ》と思われたらどうしよう。

わたしは、木村の姿を見かけるとさりげなく柱の陰《かげ》やトイレに隠《かく》れたりするようになっていました。

いま思えば仲がよかったからこそ、木村にいまの自分のみじめな姿を見せたくなかったのです。

ほんとうは、木村に会いに行って、話せていたら少しはラクになれたのかもしれない。けれど、わたしは暗い気持ちを自分一人で抱《かか》え込んでいたのです。

木村も、わたしがおかしい奴としての立ち位置なのは気づいていたと思います。

だけど、三年生になり久々に話しても昔と変わらないどころか、ずっと一緒にいてくれて、爆笑したり、絵を描いたり、気持ちがすぐに楽になりました。

木村は、上のカーストの優等生《ゆうとうせい》や、他のクラスにも友だちがいて、仲よく話していました。

わたしは低カースト。わたしと一緒にいたら、なんであんな奴といるんだろう？　と思われて、木村が損《そん》をするんです。

木村もダメージを受けるかもしれない。

それでも、わたしと一緒に笑い合い、過《す》ごしてくれました。

これにどれだけ救《すく》われたことか。

それがいかに勇敢《ゆうかん》な行動だったか。

わたしを変な目で見ないでくれて、いつでも隣《となり》にいて笑い合える。

三年生になってやっと、コソコソしないで開き直って、好きな話で盛り上がれる友だちといられる時間ができたことにホッとしていました。
木村とは大人になったいまも、お酒を飲んだり『ドラクエX《テン》』のオンライン ゲームで遊んだり、変わらない良い距離《きょり》感《かん》の大切な友人です。
あの頃わたしと一緒にいてくれたことに、とても感謝しています。照《て》れて言えないけど！

最近「隣《とな》る人《ひと》」という言葉を知りました。もともとはとある地方の児童養護施設の保育士さんと子どもたちの日々の暮らしを描いたドキュメンタリー映画のタイトルだそうです。親と一緒に暮らせない子どもたちと一緒に生活を送る「親代わり」の保育士さん。いつもべったりくっついて甘やかすわけではなく、かといって突き放すわけでもない。絶妙な距離感で子どもたちを見守り、寄り添い続ける存在です。「ただ隣にいる人」つまり「隣る人」。

木村はわたしにとってまさに「隣る人」だったと思います。いじめのことをあれこれ詮索《せんさく》したりせず、ただそばにいてくれた。一緒にお昼を食べたり、笑

木村のはなし

木村との出会いは
小学生の頃
一緒にマンガを描いたり
クラスが違っても
爆笑しあえる仲良し
小3のとき
マンガを
かしてくれて
仲良くなった
おなじ中学に入ったけど
クラスは別になり
そして私はスクールカーストを
どんどん転がり落ちていった
!!!
木村は友人もできてて
とても楽しそうだった
私は1人でいるのが
恥ずかしくて見られたく
なくて隠れたりしてた
こそ…
中3のときやっと木村と
同じクラスになれた
木村はカースト上位とも話せるのに
カースト下位の私と居ると損する
だろうにずっと一緒に笑ったり
絵を描いたりしていてくれて
やっと少し心がラクになれた
中川
ある時私のくつ箱を
他のグループの人に
へこまされていくようになり
それを木村に見られたく
なかった せっかく一緒に
居てくれているのに
日に日にへこんでいく
私のくつ箱を見ても
変わらずに そして
その事に全く触れずに
一緒に居てくれてた
それでさー
ただ、となりに居てくれる
ことを「隣《とな》る」と
いうらしい。これはなかなか
できる事じゃないと思う
いまでも、オンラインゲームしたり
お酒のんだりする
ありがとね!!!
木村
もしも誰かにそっと
「隣る」ことができたら
その子はきっとびっくりする
くらい強くなれると思うよ

ったりしてくれました。

一緒に帰るとき、ボコボコにされたわたしの靴箱《くつばこ》を、もちろん木村も見ていました。

だけど、そのことについて木村からなにも聞かれない。言いたくないことを、聞かないでいてくれた。

それがいかに救《すく》いになっていたか。

大人になったいま、その行動がいかに凄《すご》いことだったのかあらためて感じます。

もちろんいじめがピタリとなくなったわけではないけれど、木村としゃべれるからいいやと開き直ったら、ようやく「息《いき》が吸《す》えた」と思えたんです。本当に感謝しています。だから、教室の中でいじめがあって、いじめられている子を支《ささ》えたいと思っている子は、勇気を出して、あなた自身が誰かの「隣る人」になってあげてください。

ただ、一緒にいること。

あなたの行動が誰かを支え、あなたの笑顔が誰かを救うかもしれないから。

いじめている君へ

いじめられた記憶《きおく》はなかなか忘れられるものではありません。

いじめは絶対許せない、いじめている人が一〇〇パーセント悪いとずっと思ってきました。自分をいじめた同級生たちを恨《うら》んだり憎《にく》んだ時期もありました。

だから、いじめている人へのメッセージが、わたしにとっては実はいちばん難《むずか》しいです。


「キモい」とか「ウザい」といって、誰かを中傷《ちゅうしょう》したり、疎《そ》外感《がいかん》を与《あた》えるのもいじめです。相手の持ち物を壊《こわ》したり、捨《す》てたりするのもいじめです。殴《なぐ》ったり、ケガをさせたりするのも、本人がまるでいないかのように振《ふ》る舞《ま》う無視《むし》や、SNSによる仲間はずれもいじめです。いじめは犯罪《はんざい》です。

大人だったら傷害罪《しょうがいざい》、暴行罪《ぼうこうざい》、名誉毀損《めいよきそん》、あらゆる罪《つみ》で犯罪になります。

人の心を殺す罪だと思います。


では、なぜ人は人をいじめるのでしょう。

誰にだって嫌いな人、苦手な人はいると思います。クラスメイト全員と仲のいい友だちになる必要なんてありません。でも、相手を一方的に否定《ひてい》したり、ばい菌《きん》のように扱《あつか》ったり、まるでいないもののように無視することは、絶対に絶対にしてはいけないことです。誰ひとりとして、完璧《かんぺき》な人間なんていません。みんなそれぞれ欠点《けってん》や短所《たんしょ》はあって、それも個性《こせい》。

みんな違って、だから世界は面白い。

だから、欠点があっても、それはいじめをしていい理由にはなりません。誰だって、決して完璧ではないのだから。

いじめている人にとっては単なる遊びや悪ふざけで、ストレス発散《はっさん》のつもりかもしれないけれど、自分のことを否定《ひてい》されたり、無視されたりすることが、どれほどつらいことか、相手の立場になって、想像してみてください。

「クサい、キモい」と言われ続けて、それがいつまでも心の傷となって残る人がいることを想像してみてください。

靴箱から靴を盗《と》られて、帰りたくても家に帰れない、そんな場面を想像してみてください。ネットにさらされたりする恐ろしさを考えてみてください。

万が一、相手がいじめで苦しんで、自らの命を絶《た》つようなことがあったら、その子を大切に育ててきた家族がどんな悲しみに打ちひしがれるか、想像してみてください。

そして、自分がいじめられたときのことを想像してみてください。転校したり、大人になって就職《しゅうしょく》したりして、自分がもし立場が逆転《ぎゃくてん》していじめられる側になったら。

本当に強い人、まともな人は、理性《りせい》があるから、いじめなんてしないはずです。

バレなければいい、先生や親に気づかれなければいいという考えは、弱《よわ》さの表《あらわ》れだと思います。

もしあなたがグループのボスならば、クラスの中で影響力《えいきょうりょく》のある立場《たちば》にあるのだから、その影響力をもっと有意義《ゆういぎ》に使ってください。相手をさげすむのではなく、相手を敬《うやま》う方に。

相手を追い詰《つ》めるのではなく、相手を労《いたわ》る方に。いじめるのではなく、いじめられる子に優《やさ》しく接する方に。あなたが変われば、クラス全体の空気が変わるはずです。

そして、自分自身の未来もきっと変わるはずなのです。

すべての命に尊い奇跡がある

生きていると、いじめのような理不尽《りふじん》なつらいことがある一方で、びっくり

するぐらい素敵《すてき》なこともあります。とにかく、命さえあれば、あらゆる奇跡の

チャンスが日々待っている。健康な命を守ることが、なによりも大事で大切な

んです。

わたしは歌手で俳優だった父・中川勝彦《かつひこ》と、ものすごく明るくて強い母・桂《けい》

子《こ》の間に生まれました。

母は、いつもわたしのことを全力で守り励《はげ》まし、サポートしてくれました。

学校に行かなくなったときは、馬乗《うまの》りになって「行け！」と怒鳴《どな》られたりもし

たけれど、あれは母なりのわたしへの愛情表現《あいじょうひょうげん》だったと思います。わたしが自

分を見失《みうしな》ってしまうことを心配したから。

ケンカもたくさんしたけど、いつも本気《ほんき》でわたしに向き合ってくれました。

父が亡《な》くなった後《あと》、貯金《ちょきん》をはたいてフロリダのディズニーランドに連《つ》れてい

ってくれたり。親友みたいに、いっしょに漫画を読んでゴロゴロしたり。いわ

ゆる母親らしくはない、破天荒《はてんこう》な自由人《じゆうじん》だけど、わたしを心から心配している。

いじめられてしんどいときも、母といる時間はわたしの救《すく》いでした。

父はわたしが九歳のとき、三十二歳で白血病によってこの世を去《さ》りました。

父とは幼いときから離《はな》れて生活をしていました。若くして亡《な》くなってしまったので、数《かぞ》えられるほどの思い出ですが、わたしの血の中には、父の好きだったことや、やりたかったこと、歌や絵や趣味が受け継《つ》がれています。いなくなってからも、生きていた確《たし》かな足跡《そくせき》を感じ続けています。父が生きていた証《あかし》は、決してなくならない。父がこの世にわたしを遺《のこ》してくれたことにいまはとても感謝しています。

父の亡くなった年齢《ねんれい》を越《こ》えて、いまわたしが感じるのは、父や母、祖父や祖母、そしてその祖先《そせん》が紡《つむ》いできた奇跡《きせき》に驚《おどろ》く気持ちです。

わたしだけでなく、今同じ時代に生きているすべての人が、いまこうして生きていることがあらためて、奇跡すぎる。

もし祖先の誰か一人が若くして命を絶《た》っていたら、いまの自分は存在しない。奇跡が何回も繰《く》り返された、その最先端《さいせんたん》が自分の命だと思うと、どうでもいい人から受けたくだらないいじめや、他人の攻撃《こうげき》のせいで命を失うなんて本当にもったいない。あってはいけないことだと思うんです。
命は先祖《せんぞ》が代々《だいだい》紡いできた奇跡の最先端。そう思えば、他の誰かに人格《じんかく》を否《ひ》定《てい》されたり、存在《そんざい》を否定される筋合《すじあ》いなんて本当にないと、わたしは思います。

いじめは絶対許されないこと。
いじめる方が絶対に悪い。
すべての命に尊《とうと》い奇跡がある。
だから守られなければならないのです。

あなたの命は誰にも奪うことはできない

今回、あらためて言葉として残しておきたい気持ちがたくさんありました。

いまいじめられて苦しんでいる人に、
なんとか生きて、生きて、生き延《の》びてほしい。
その先にはきっと輝《かがや》く未来があるはずだから。

生きていれば会いたい人に会う方法《ほうほう》はあります。会えます。お互《たが》い生きてさえいれば絶対に会えるんです。美味《おい》しいものがあります。面白《おもしろ》いことがあります。いまこの瞬間は、そんなこと考えられないだろうけど、でも生きていたほうが絶対、得《とく》です。

他人のせいで、奇跡《きせき》の塊《かたまり》である命が失われるなんて、絶対許せない。人生は三万《さんまん》日程度しかなくて、そのうちの三分の一は睡眠《すいみん》で消費《しょうひ》しちゃうけど、その中でも、ささやかなことから大きなことまで、「ああよかった」と感じることに、生きていれば必ず出会います。

わたしは、そんな素敵《すてき》な出会いや時間を、いじめを乗り越えた十九歳以降《いこう》にいっぱい見つけました。もちろん夢がすべて叶《かな》うわけじゃないし、しんどいこ

「死にたい」って思う夜がある
だけど忘れないでほしい。人間ってきっと「わ～、幸せ」って思う瞬間を目指して生まれてくる
365日×80＝29,200日
1日7時間寝るとして24時間のうち1/3は睡眠！
80歳まで生きたとしてもたった3万日しかないんだよ。しかもその1/3は睡眠!! すご～く短いよね!!
人間の命は46億年の地球の中で137億年の宇宙の中で本当に一瞬でしかない
だったら、悲しんだりする時間もったいないから、笑顔で燃え尽きられるようにしよう
しあわせ
しんどい
もちろん人生にはいいことだけじゃなくて理不尽なこともある。でも、心のチャンネルを、角度を変えられる
がんばってくださいっ
ありがとう…
大好きな人憧れの人にもお互いが生きてさえいれば会えたりもするかもしれない
つ・い・に ポケモン新作キタ――!!!!!
すごく好きな人、作品に出会うかも好きなゲームの続編が出るかも
やりたかったよう～ 死ななきゃよかった～
「死んじゃってたら、それらの楽しみが味わえないよ
…
長生きした方が、絶対、得。できるだけ、好きなことを見つけたもん勝ち。誰かを攻撃した人勝ちじゃないんだよ

とだっていっぱいある。それでも、いじめている人のために、あなたの大事な時間やエネルギーを費《つい》やすなんて、ほんとうにもったいないことです。ましてや、大切な命が失われるなんて、絶対あってはならないことです。

大切なことだから何度も言います。

いじめられている君はゼッタイ悪くない。

あなたの時間はあなたのもの。
あなたの命もあなたのもの。
誰にも奪《うば》うことはできない。

大丈夫。なんとかなる、なんとかするために、わたしたち大人がいます。
あなたの命はなにより大切な奇跡の塊《かたまり》。
これが、死にたい夜を越えて未来を生きるわたしからのメッセージです。

死ぬんじゃないぞ！ 1日でも長く 長生きしようね
お互い 生きていれば 会えるんだ
人は 幸せになるために 生まれてくるんだ 幸せになることが 最高のリベンジだ
生きて 生きて 生き延びて あたらしい「夢」と「好き」を いっぱい 集めちゃおう

中川翔子（なかがわ・しょうこ）
1985年5月5日生まれ。東京都出身。2002年、ミス週刊少年マガジンに選ばれ芸能界デビュー。タレント、女優、歌手、声優、漫画など、多方面で活躍。アニメ『ポケットモンスター サン&ムーン』のエンディングテーマ「タイプ：ワイルド」、映画『ミュウツーの逆襲 EVOLUTION』の主題歌「風といっしょに」を担当するなど、子供から大人まで幅広いファンに支持されている。近年は自身の経験をふまえて「いじめ・引きこもり」のテーマと向き合い、NHK ハートネット TV「#8月31日の夜に。」をはじめ多数の番組に出演。2020年の東京オリンピック・パラリンピック競技大会に向けた「マスコット審査会」委員、2025年開催の国際博覧会（万博）に向けた「万博誘致スペシャルサポーター」も務めた。

企画　吉田雄生
協力　（株）ワタナベエンターテインメント
編集協力　小林浩子

「死《し》ぬんじゃねーぞ!!」　いじめられている君《きみ》はゼッタイ悪《わる》くない

2019年8月10日　第1刷発行

著　者　中川翔子《なかがわしょうこ》
発行者　島田 真
発行所　株式会社　文藝春秋
〒102-8008 東京都千代田区紀尾井町 3-23
電話　03-3265-1211

印刷所　光邦
製本所　大口製本

ISBN978-4-16-391072-7
Printed in Japan